大恐慌の勝者たち

Joseph P. Kennedy
Bernard M. Baruch
Jesse L. Livermore
Benjamin Graham
John M. Templeton
William D. Gann
Conrad N. Hilton
J. Paul Getty
David O. Selznick
Walt Disney
Robert E. Wood
Takahashi Korekiyo
Adolf Hitler
Franklin D. Roosevelt

玉手義朗

日経BP

中国語で書くと、危機という言葉は
二つの漢字でできている。
ひとつは危険、もうひとつは好機である。

—— ジョン・フィッツジェラルド・ケネディ

When written in Chinese,
the word ‘crisis’ is composed of two characters.
One represents danger and
the other represents opportunity.

—— John Fitzgerald Kennedy

はじめに

世界大恐慌の歴史から、今に生きる「ビジネスの教訓」を引き出そうというのが本書の狙いである。歴史から得られる学びには普遍的な価値がある。だが、1929年に始まる世界大恐慌について、2021年の今、書くのには特別な理由もある。

ひとつ考えてみていただきたい。今から1年前の経済情勢がいかなるものであったか。みなさんの記憶には、どれくらい鮮明な景色が残っているだろうか。

3つの「ブラックマンデー」

2020年3月16日、ニューヨーク株式市場のダウ平均株価は、史上2番目の大暴落を演じた。下落率は12・9%で、下げ幅は2997ドル10セント。1987年10月19日の「ブラックマンデー」（下落率22・6%）に次ぐ暴落で、同じ月曜日だったことから、「ブラックマンデー2」と呼ぶ人もいた。

原因は、新型コロナウイルスの感染拡大に伴う世界経済の低迷だった。各種の景気指標の落ち込みは激しく、雇用情勢も急激に悪化していった。

この状況を世界大恐慌になぞらえる向きもあった。何しろ、このときの12・9%に抜かれるまで、下落率「第2位」だったのは1929年10月28日の12・8%。大恐慌につながる株価暴落の流れを決定づけた日であり、この日もまた月曜日であったことから、「元祖ブラックマンデー」とも呼ばれている。

ところが、2020年の株価暴落はその後、思わぬ展開を見せる。株価が反発に転じたのだ。21年2月には、ダウ平均が暴落前の水準を回復するどころか、史上最高値を連続して更新、日経平均株価もバブル期以来の3万円台を回復して勢いづいた。本稿を執筆する5月現在も、日米とも株価は高値圏にある。

しかし、この状況に違和感を抱く人は少なくない。

これは明らかにバブルであり、遠からず大暴落するのではないか――。

実のところ、1929年10月に始まった株価暴落も一直線に進んだわけではない。株価が落ちたと思ったら切り返して上がり、一安心させたところでまた下がるといった「フェイク」を繰り返した。しかし、終わってみれば、ダウ平均が29年に付けたピークを超えたのは54年。アメリカの「失われた25年」とも呼ぶべき低迷の起点となったのが「元祖ブラックマンデー」であり、世界大恐慌であった。

知っているようで知らない、大恐慌の実態。それらをこのタイミングで振り返ることには価値がある。それが１９２９年に始まる大恐慌について２０２１年の今、書こうと考える理由である。

不況下の投資にはチャンスがある

本書は次の3章から成る。

第1章は投資編。最初に、大恐慌期のダウ平均の推移を細かく振り返り、現代に生きる示唆を引き出す。

しかし、いざ株価が暴落したとき、どう対処したらいいのか。これが第1章の本題である。大恐慌期を振り返れば、暴落に乗じて大儲けした猛者もいれば、大暴落で痛手を受けた教訓を糧に投資手法を進化させたイノベーターもいた。そのような投機家・投資家たちがどのように市場を観察し、決断、行動したのかを知っておくことに損はない。

第2章は事業編。大恐慌の中で大成功を収めた事業家に学ぶ。

2021年の今に目を転じれば、株式市場の沸騰と裏腹に、実体経済は弱っている。新型コロナウイルスの感染拡大は、一部のIT企業などに特需をもたらしながらも、飲食業やサービス業を中心にリアルビジネスに大きなダメージを与えた。二極化が進む「K字型回復」ともいわれるが、20年の日本の実質GDP(国内総生産)は前年比マイナス4・8%。コロナ禍の出口が見えてきたとはいえ、働く人々に広がる疲弊と傷痕は深い。

だが、大恐慌の時期の経営環境と雇用情勢は今以上に悪く、そのような状況を生き抜いた事業家の思考や行動には、今こそ学ぶべきものがあるだろう。不況期には、不況期ならではのビジネスチャンスがある。この点を歴史から検証した。

第3章は、政治編。大恐慌やコロナ禍のような事態への抜本的な対応は、政治に求められる。ゆえに、大恐慌は「大きな政府」を生んだ。独裁国ドイツはV字回復したが、民主主義国アメリカは停滞が長引いた。その対照的な構図にも現代と重なるものがある。経済危機に見舞われた個人が、政治に何を期待できるのかを考えた。

いかがだろう。興味を覚えていただけるなら、さらにページをめくってほしい。

目次

第2章

[事業編]

恐怖とキャッシュをコントロールせよ

第3章

[政治編]

ケインズ政策の誕生と副作用

PROLOGUE
［序章］

データでたどる大恐慌の真実

１９２９年10月24日は、「暗黒の木曜日」として歴史に深く刻まれている特別な日だ。この日にニューヨーク株式市場で起こった大混乱が、世界大恐慌の引き金を引いたのだ。この年の9月3日、３８１ドルの史上最高値を付けていたダウ平均株価は、32年7月8日には41ドルと、およそ10分の1にまで大暴落する。

これを契機にアメリカは空前の不況、いわゆる大恐慌（The great depression）に陥った。ＧＮＰ（国民総生産）は１９２９年の１０４４億ドルから33年には５６０億ドルと半分近くの水準にまで激減する。失業率は24・9％と4人に1人が仕事にあぶれ、１２８３万人もの人が仕事を求めて街角をさまよった。ニューヨークには、リンゴを売ってわずかなお金を得ようという人が６０００人も現れ、通りには靴磨きや新聞を売る人が並び、公園は家を失った人で溢れた。

こうした事態に陥ることなど、誰も想像ができなかった。

［参考文献・注記など］

『岩波講座 世界歴史27 ― 世界恐慌期』
（岩波書店／1971年刊）

「黄金の20年代」の先にあったもの

「暗黒の木曜日」に至るまでの10年間、アメリカは「黄金の20年代」と呼ばれる空前の好景気を謳歌してきた。1921年から29年にかけて、GNPは毎年平均4％のペースで45・6％も上昇、物価は安定し、労働生産性は20％上昇し、工場労働者の実質年収も16％増加した。ダウ平均株価は4・5倍となり、国民全体を巻き込む株式投資ブームをもたらしていた。

これに伴って、消費文化が花開いた。1919年には677万台だった乗用車の保有台数は、29年には2312万台と3・4倍に増加、5人に1台の普及率となる。ラジオを保有する家庭は170倍になり、電気掃除機や電気冷蔵庫、電気洗濯機なども爆発的な普及を見せた。

1921年に11・9％だった失業率は26年に1・9％まで下落し、1929年の時点でも3・2％に過ぎなかった。この当時、失業者は"unemployed"ではなく"the idle"と呼ばれていた。「職を失った」のでなく「ちょっとお休み」というニュアンスであり、悲壮感はほとんどなかったのである。

アメリカ国民の多くが、繁栄が永遠に続くと信じて疑わなかった。そして、大恐慌

『金融の世界史 ― バブルと戦争と株式市場』
板谷敏彦著
（新潮選書／2013年刊）

が始まっても、その現実をなかなか受け止めようとしなかった。それは大統領も同じだった。「暗黒の木曜日」の7カ月前に行われた大統領就任式で、第31代アメリカ大統領ハーバート・フーヴァーは「私は我が国の将来に何らの不安も抱いていない。未来は希望に満ちている」と高らかに演説した。そして、大恐慌が深刻化する中にあっても、「好景気はもうすぐそこまで来ている」と繰り返し、景気対策については「連邦政府が直接介入しない」という自由放任主義的な方針を堅持した。大恐慌からの脱却は民間経済に委ねるべきであり、政府の過度な介入は控えるべきだというのである。政府の無策も加わって一層深刻化したアメリカの大恐慌は、やがて世界中を巻き込むことになる。

深い傷跡を残した1930年代の大恐慌だが、これ以降は一度も恐慌と呼ばれる事態は発生していない。2度のオイルショック(73年、79年)と70年代のスタグフレーション、1987年のブラックマンデー、2000年のITバブル崩壊に08年のリーマンショックなど、世界はいくつもの経済危機(economic crisis)や景気後退(recession)を経験してきたが、そのいずれも恐慌(depression)と呼ばれてはいない。恐慌は通常の景気後退とは比較にならないほど、深刻な状況を指す言葉だ。

「あなたの隣人が失業したら景気後退、あなた自身が失業したら恐慌だ」。景気後退と恐慌の違いを尋ねられてこう答えたのは、第33代アメリカ大統領のハリー・トルーマンだ。副大統領として前任の大統領フランクリン・ルーズベルトを支えるなど、大恐慌をつぶさに見てきたトルーマンの言葉は、その深刻さを如実に物語っている。

大恐慌に残る謎と誤解

大恐慌については、今なお多くの謎と誤解が残っている。「暗黒の木曜日」と呼ばれる1929年10月24日だが、実はこの日、ニューヨーク株式市場の終値において株価の暴落は起こっていない。また、ルーズベルト大統領が、ニューディール政策によって大恐慌を克服したというのも間違いだ。ニューディール政策によって、景気は上向きに転じたもののすぐに失速、「ルーズベルト不況」と呼ばれる事態を招いている。アメリカを大恐慌から救ったのは、全く別の要因であったのだ。また、多くの経済学者による精力的な研究にもかかわらず、大恐慌の原因も処方箋も確定的なものは未だに示されていないのが実情なのである。

知っているようで知らない大恐慌の実態。その中で、確かなことがひとつある。絶望感がアメリカを、そして全世界を覆う中で「勝者」となった人々がいたということ

『学校で教えない大恐慌・ニューディール』
ロバート・P・マーフィー著／マーク・J・シェフナー、冨田新、山口修、梶本元信訳
（大学教育出版／2015年刊）

だ。

株価大暴落を予測し、鮮やかに売り抜けたり、空売りで大儲けしたりした猛者がいた。市場を支配する悲観論を逆手に取り、敢えて挑戦を試みて、成功をつかんだ勇者もいた。盤石なビジネスモデルを構築して、大恐慌を突破した賢者もいた。彼らは大恐慌を恐れるのではなく、危機をチャンスに変えていったのである。

大恐慌は決して過去の出来事ではないし、二度と起こらないものでもない。

もし、私たちが今、大恐慌に匹敵する経済危機に遭遇したらどうするべきなのか。隣人が失業しても、自分自身は失業することなく危機を乗り切ることはできるのか。

本書が紹介するのは、この難題に答えを出した者たちの物語だ。彼らの「勝利の本質」を探ることで、これからも必ず襲ってくるであろう経済危機を乗り越えるヒントを探っていきたい。

第1章

［投資編］

相場師たちの撤退戦とバリュー投資の誕生

INTRO-
DUCTION
［序論］

暗黒の木曜日は「暗黒」ではなかった

「暗黒の木曜日」と聞くと、ニューヨーク証券取引所前に集まった大群衆を捉えた映像が思い浮かぶ。株価の暴落を聞きつけた人々が不安に駆られて集まり、道路を埋め尽くしたその映像は、大恐慌の始まりを告げるものとして人々の脳裏に刻まれてきた。

1929年10月24日、木曜日だったこの日の「株価暴落」だが、その実相を知る人は意外なほど少ないのではないだろうか。何の前触れもなくその日を迎え、そこから株価は奈落の底に一直線……といった認識を持つ人がいるならば、2つの点で誤りだ。

まず、暗黒の木曜日の以前から、株価はすでに下降局面にあった。ただし、ほとんどの人が、この客観的な事実を認めようとしなかった。ゆえに、不安に駆られる人もいなければ、特段の騒ぎも起きなかったのだ。

また、意外なことかもしれないが、暗黒の木曜日の株価の下落率は、ごくわずかで

［参考文献・注記など］

あった。確かに午前中は大きく下げた。ところが午後には反転し、終値で見ると「暴落」どころか「下げ止まり」といえる動きだったのである。

1920年代のアメリカでは、「黄金の20年代」と呼ばれていた好景気を背景に、株価が上昇を続け、やがて暴騰と呼べる状況となった。28年に203・35ドルで始まったダウ平均株価は、翌29年9月3日に381・17ドルと2倍近くに達していた。

ここから株価は明らかな下落基調となった。暗黒の木曜日の前日の10月23日も6・3％の下落となり、ダウ平均株価は305・85ドルと、高値から2割も下落していたのである。

しかし、長期にわたる株高を経験してきた市場関係者のほとんどが、この下げは一時的で、すぐに回復すると信じていた。10月15日、高名な経済学者アーヴィング・フィッシャー教授は株式市場関係者を前に「株価は数カ月以内に今よりずっと高値になる」と語りかけ、暗黒の木曜日の前日である10月23日にも、銀行家を前に「株価が暴落するのではという懸念は、現在の経済状況から見ると全然根拠がない」と勇気づけていたほどだ。

『世界大恐慌 ─ 1929年に何がおこったか』
秋元英一著
（講談社学術文庫／2009年刊）

こうしたなかで、株式市場は10月24日を迎えた。取引開始直後こそ落ち着いていたが、すぐに大量の売り注文が出されて、市場はパニックに陥った。主要な指標は20％の下落となり、投機銘柄の代表だったＲＣＡ(Radio Corporation of America) 株は35％を超える暴落となる。

株式相場をリアルタイムで伝えるストック・ティッカー*も機能停止状態となり、異変を聞きつけた1万人もの人々が、ニューヨーク証券取引所の周りに集まってきた。警察は騎馬部隊を含めた600人態勢で秩序の維持を図り、取引所の入り口にロープを張った。新聞社や記録映画カメラマンは向かいのビルに陣取って、歴史的な瞬間の撮影を始めていた。

暗黒の木曜日は「終値小幅安」

ところが、午後に入ると状況は一変する。銀行家たちが、株式の買い支えで共同歩調を取ることを決めたのだ。先陣を切ったのはモルガン商会だった。午後1時半過ぎに代理人が取引フロアに姿を見せると、USスチール株に直前の取引価格より10ポイント近く高い価格で大量の買い注文を出した。これに続いて、他の銀行家たちもまと

＊ストック・ティッカー
株価を送受信するシステム。電信で送られてくる銘柄の略号（ティッカー・シンボル）と株価を、ティッカー・テープという紙テープで受信する。

■暗黒の木曜日は、暗黒ではなかった
──ダウ平均株価の短期的な推移：1929年10月

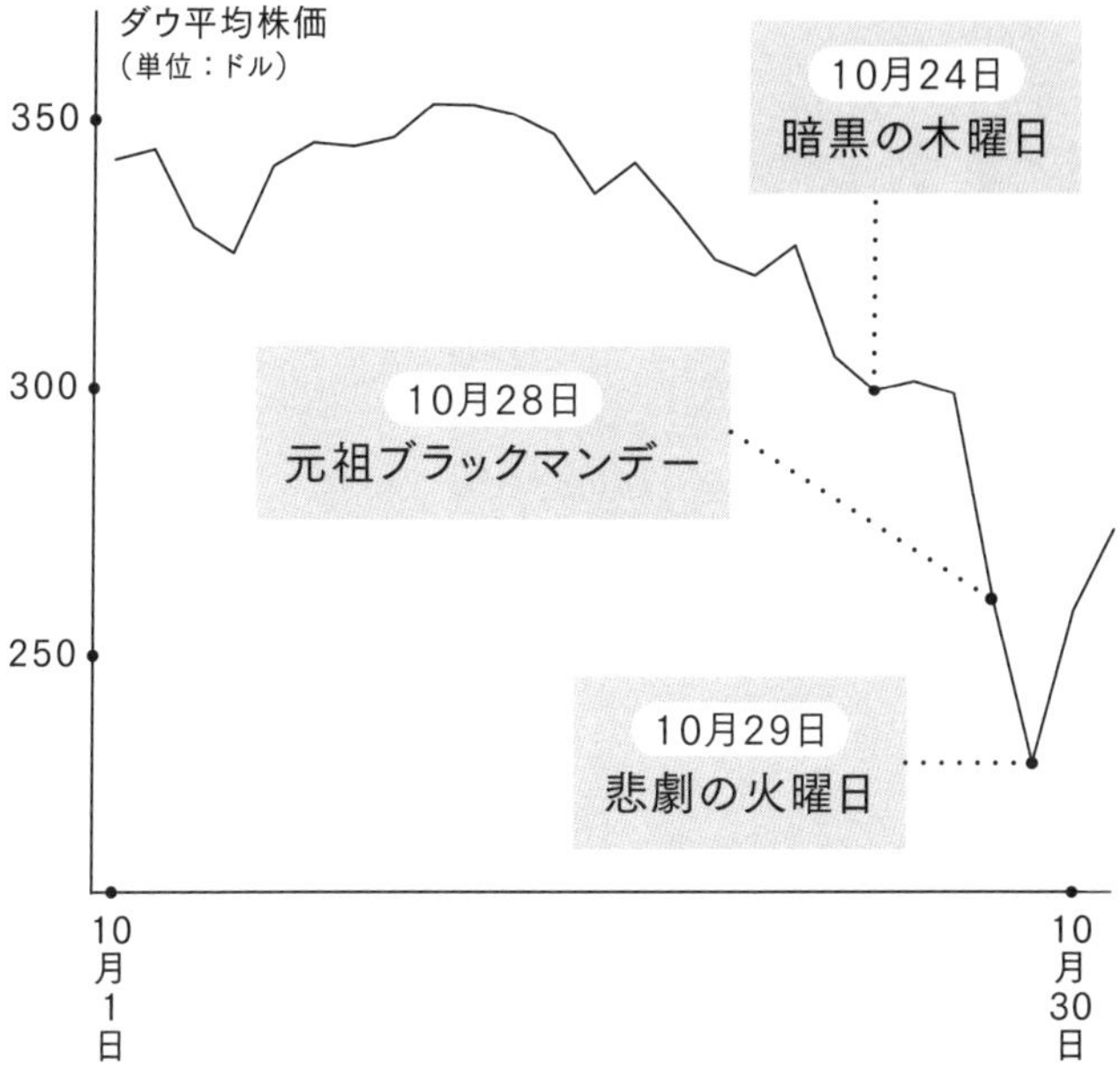

終値で見ると、いわゆる「暗黒の木曜日」の下げ幅は大きくない。暴落したのは翌週の月曜日、火曜日だ

注）Macrotrends LLC のサイトから終値のデータを使用

まった買い注文を出したことで、株価は反発に転じる。

この日の出来高は1289万株という空前の規模に達したものの、ダウ平均株価の終値は前日の終値比6ドル安の299・47ドル、下落率は2・09%という小幅安で取引を終えているのである。

翌日のウォールストリート・ジャーナルは「銀行家が株価暴落を阻止　モルガン商会における会議の後、2時間の雪崩のような売りは収束」と伝えている。10月24日、株式市場は一時的にパニックに陥ったものの、株価暴落は食い止められていた。下落率は前日の3分の1と「下げ止まり」の印象すら与えるもので、終値で見る限り、暗黒の木曜日は「暗黒」ではなかったといえる。

続く金曜日と土曜日（午前中のみ）の取引も平静で、人々は胸をなで下ろした。大統領のフーヴァーも25日の声明で、「この国の基本的な事業、すなわち財の生産と分配は、健全かつ繁栄の基礎の上にある」と、強気の姿勢を崩すことはなかったのである。

1929年の「元祖ブラックマンデー」

安定したかに見えた株式市場だったが、これはフェイクだった。本当の「暗黒」は

『大恐慌に学べ』
山田伸二著
（東京出版／1996年刊）

■1930年の株価回復は「フェイク」だった
──ダウ平均株価の中期的な推移：1929年10月〜1930年6月

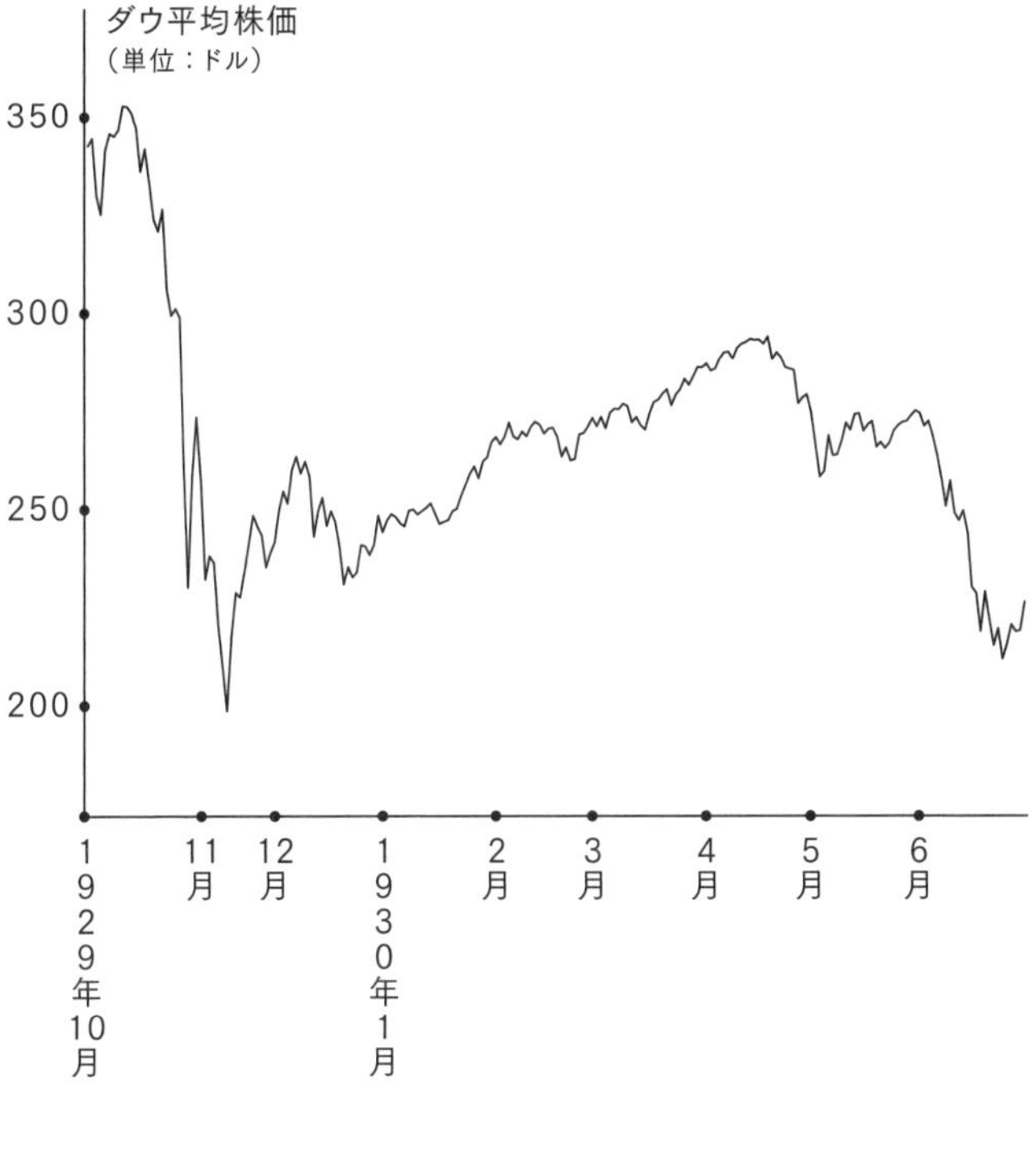

暗黒の木曜日の翌年、1930年には株価はいったん
持ち直したかに見えたが、その先にまた下落が待っていた

注）Macrotrends LLC のサイトから終値のデータを使用

翌週にやってきた。28日の月曜日は本当の暴落となった。ダウ平均株価の下落率は12・８％、この時点での史上最大の下落率であり、これを破ったのが１９８７年10月19日の「ブラックマンデー」の22・６％。１９２９年10月28日は、「元祖ブラックマンデー」として歴史に刻まれたのである。（この日の下落率を、「暗黒の木曜日」のものと誤認しているケースは少なくない）

今度は銀行家たちもどうすることもできなかった。翌日の火曜日も「暗黒」となった。下落率は月曜日に匹敵する11・７３％、取引高は24日をさらに上回る１６４１万株と史上空前の規模に達する。後に「悲劇の火曜日」、「アメリカが終わった日」などと呼ばれたこの日の終値は２３０・０７ドル、9月のピークから実に4割の大暴落となったのである。

１９３０年の「フェイク相場」

「株価が事実上崩壊した。株式取引市場最大の惨事となったこの日、巨大な損失を道連れにして株価は暴落した」と伝えたのはニューヨーク・タイムズ。「暗黒」の波状攻撃を受けた株式市場だったが、ここから一気に奈落の底へ……という動きにはなら

『世界恐慌 ― 経済を破綻させた4人の中央銀行総裁』（上下巻）
ライアカット・アハメド著／吉田利子訳
（筑摩書房／2013年刊）

■アメリカ経済には「失われた25年」に突入した
──ダウ平均株価の長期的な推移：1929年10月〜1954年11月

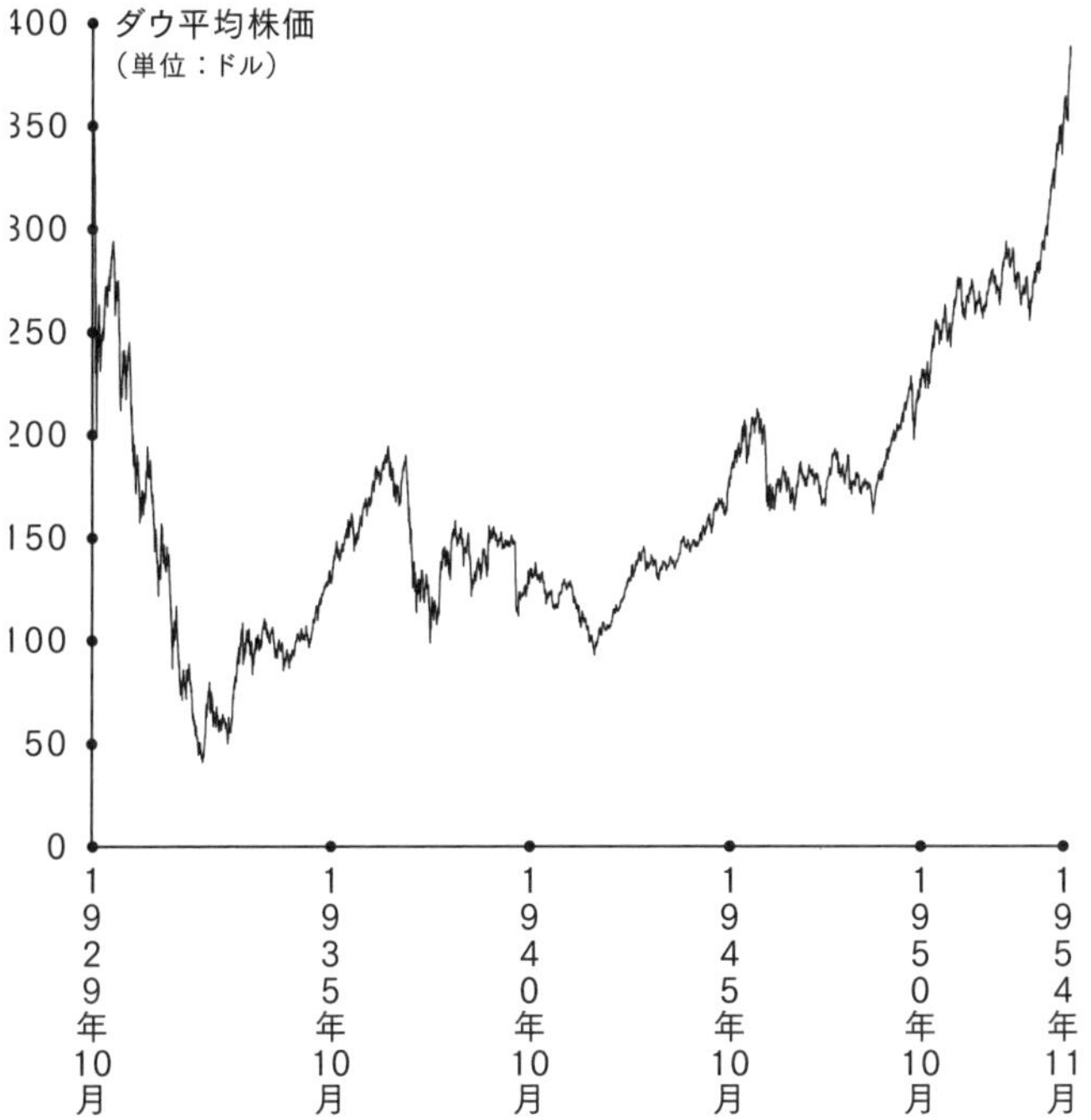

株価が1929年につけたピークを越えたのは1954年11月。
25年後のことだった

注）Macrotrends LLC のサイトから終値のデータを使用

なかった。長年の株高に対する未練は強く、割安となった株式を買い戻す動きが広まったのだ。これによって株価は反発に転じ、翌1930年の4月、ダウ平均株価は290ドル台を回復する。わずか半年で暗黒の木曜日前の水準に戻ったのだ。

市場に、再び楽観的な見方が広がった。株価の下落は、やはり一時的なものだった。今回の株価回復が、何よりそれを物語っているではないかというのだ。

しかし、これもフェイクであった。実体経済はすでに深刻な不況に落ち込んでいた。株価がそれを反映するのは時間の問題であった。

株式市場の「失われた25年」

株式市場は1930年の夏から本格的な暴落を始める。ダウ平均株価は10月には200ドルを割り込み、31年4月に150ドル割れ、9月には100ドル割れとなった。株価の下げはさらに続き、32年7月8日に41・22ドルにまで落ち込んでしまった。ピーク時の実に10分の1の水準だ。

この間も、一時的な株価回復が幾度となくあった。株高への未練を捨てきれない投機家たちは、「ここが底値だ」と買い戻したことで、傷口を拡げていく。

激しい株価変動といくつものフェイクに翻弄された末に、自ら命を絶った者もいた。この頃、街ではこんな噂が広がっていた。宿泊客にホテルの支配人がこう尋ねているというのだ。「眠るための部屋をお望みですか？　それとも飛び降りるための部屋ですか？」と。

株価はその後も低迷を続ける。１９３７年にかけてダウ平均株価は２００ドル近くまで回復するが、38年にかけて再度下落基調に転じて一時１００ドル割れとなる。ダウ平均株価が29年に付けたピークを超えたのは54年11月のこと。株価の回復に25年が費やされたのである。

修羅場を乗り越えた勝者たち

しかし、暗黒の株式市場にも勝者はいた。

アメリカ株式市場の「冬の時代」とも呼べるこの時期に、株取引で成功を収めた者たちの足跡を振り返ると、大きく分けて2つのパターンがある。

第1のパターンは「予知型」だ。「黄金の20年代」の株高に乗り、大きな資産を築

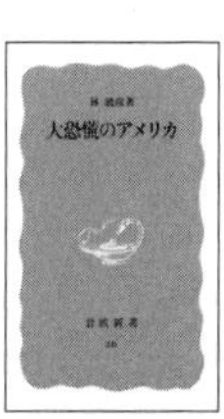

『大恐慌のアメリカ』
林敏彦著
（岩波新書／1988年刊）

いた者の中に、暴落のタイミングを的確に予知し、売り逃げ、さらに空売りを仕掛けることで稼いだ勝者たちがいた。

このタイプに該当する者として、本章では、ジョセフ・ケネディ（Case1）、バーナード・バルーク（Case2）、ジェシー・リバモア（Case3）の3人を取り上げる。

予知型の3人が活躍した時期、株取引の世界には、洗練された理論は存在しなかった。それゆえ、彼らの手法は「投資」と呼ぶにはプリミティブで、未だ「投機」の領域にとどまったかもしれない。しかし、限られた情報を独自の方法で分析し、混乱を極めた株式相場を切り抜けるか細《ぼそ》い道を探り当てたのは間違いなく偉業であり、その足跡には、今も学ぶべきものがある。


第2のパターンは「イノベーション型」だ。株式市場の暴落とその後、長く続いた相場の低迷は、株取引を生業とする者たちにとって逆境だった。その中から、停滞を打破すべく新たな手法や理論を編み出し、勝利を収める者たちが出てきた。

本章の後半で取り上げるベンジャミン・グレアム（Case4）と、ジョン・テンプルトン（Case5）は、その代表格である。

彼らの存在によって、株取引は「投機」から「投資」へと進化し、「相場師」ならぬ「投資家」が生まれた。そう言っても過言ではないだろう。現に、彼らが生み出した理論と手法は、ウォーレン・バフェットをはじめ、現代の大投資家たちに受け継がれているのである。

『ウォール街の崩壊─ドキュメント世界恐慌・1929年』（上下巻）
G・トマス、M・モーガン=ウィッツ著／常盤新平訳
（講談社学術文庫／1998年刊）

CASE 1

「王朝の創始者」は靴磨きの声に耳を傾けた

ジョセフ・P・ケネディ

ジョセフ・P・ケネディの名前は、その息子によって広く知れ渡ることになった。第35代アメリカ大統領ジョン・F・ケネディの父親がジョセフであり、「ケネディ王朝の創始者」としてアメリカの政財界に君臨した人物である。

ジョセフは大恐慌に先立つ1920年代の好況期に、株式や不動産投資で莫大な資産を築いていた。そして1929年の株価暴落を正しく予知することで、いち早く撤退の決断を下し、莫大な資産を守り抜く。この資産を武器に政界に転じたジョセフは、息子を大統領に当選させるなど、「ケネディ王朝」と呼ばれる成功を手にしたのであった。

ジョセフはどうやって株価の大暴落を予知したのか。そのきっかけを与えてくれたのは「靴磨きの少年」であったという。

35歳の誕生日までに100万ドル

ジョセフ・Ｐ・ケネディ(Joseph Patrick Kennedy)は１８８８年9月6日、ボストンのアイルランド系移民の一族に生まれた。名門ハーバード大学を卒業後、州の銀行監査官の仕事を経て、父親が大株主だった信託銀行で仕事を始める。

１９１３年、この銀行が買収攻勢に晒された時、防衛戦略の先頭に立ったのがジョセフだった。ジョセフはハーバード大卒の肩書きと人脈を駆使し、有力者から防衛資金や委任状をかき集めていった。これを見た相手は買収を断念、ジョセフは銀行を買収の危機から守ることに成功する。その功績と実力を高く評価した経営陣は、ジョセフを頭取に選任する。この時ジョセフは25歳、アメリカで最年少となる銀行頭取の誕生だと騒がれた。大物実業家の片鱗を見せたジョセフは、「35歳の誕生日までに１００万ドル儲けてみせる」と意気込んだという。

ジョセフが相場の世界に飛び込んだのは31歳の時だ。「ヘイドン・アンド・ストーン」という証券会社に入り株取引を始めたが、当初は失敗続きだった。ニセの情報をつかまされたり、噂に乗せられたりして損を出し続けたが、苦い経験を積み重ねることで、次第に情報の質を見極める術を身につけてゆく。

『相場師奇聞』
鍋島高明著
（河出書房新社／2003年刊）

1922年、34歳になったジョセフは、「銀行業ジョセフ・ケネディ」の看板を掲げて独立する。情報収集に対する熱意、感情にとらわれない冷静さとチャンスを逃さないセンスを持ち合わせていたという。彼の友人は「ジョーは、相場の日々の変動を追ってあれこれと細かく稼ぐことには関心がなかった。彼の関心は大きな情勢の変化と大きな金額にあった。そこが投機家と賭博師の違いだ」と語っている。

この友人は、ジョセフは「賭博師」ではないとしている。それを投機と呼ぶか、投資と呼ぶかはさておき、きちんとした情報分析に基づくビジネスとして株式を売買しているというわけだろう。

法律ができる前に荒稼ぎ

しかし、ジョセフの取引手法は、スマートなものばかりではなかった。インサイダー取引や風説の流布、空売りと組み合わせた相場操縦など、現代では禁止されている手法も少なくなかった。その一例が「ストック・プール」と呼ばれる手法だ。

2、3の業者が談合して、経営不振で株価が低迷する銘柄を集中的に買い上げて、他の市場参加者が動くのを待つ。そして、思惑通りに買いが殺到したら、その瞬間を狙って持ち株を処分し、利益を上げるというものだ。いわゆる相場操縦であり、こうした取引は後に規制されることになるが、ジョセフは「株で金儲けするのは簡単だ。政府がこれを制限する法律をつくる前に稼いでいた方がよい」と言い切ったという。

きわどい手法でジョセフが大儲けした一例が、タクシー会社イエロー・キャブの株価操作だった。イエロー・キャブは、同業のチェッカー・キャブからの買収攻勢を受けていた。イエロー・キャブ側はジョセフに金を渡し、株価を下支えすることで買収阻止を依頼する。ジョセフは売りと買いを脈絡なく繰り返す陽動作戦に出た。これによって市場は混乱し、チェッカー・キャブは買収を断念せざるを得なくなり、株価は落ち着きを取り戻したのだった。

巨額の成功報酬を手にしたジョセフは、強引な買収からイエロー・キャブを守った「正義の味方」として評価も高まった。しかし、その数カ月後にイエロー・キャブの株価は暴落する。ジョセフがイエロー・キャブを裏切り、巨額の空売りを仕掛けたと見る向きもあった。真偽のほどは定かでないが、イエロー・キャブのオーナーは「今度会ったら一発パンチを食らわせてやる！」とジョセフに激怒したという

株取引で財産を築いたジョセフは、映画産業にも参入した。この産業は今後大きく発展すると確信し、経営難に陥っていた映画配給会社ＦＢＯ（Film Boking Offices of

『アメリカ映画の大教科書』（上下巻）
井上一馬著
（新潮社／1998年刊）

America）を買収する。これを契機として買収を繰り返し、RCA（Radio Corporation of America）と協力してRKO（Radio Keith Orpheum）を発足させる。

RKOはMGMやパラマウントなどと並ぶ映画会社の「ビッグ5」となり、ジョセフの懐にはおよそ500万ドルとされる利益が転がり込んだ。買収から僅かに32カ月という早業であった。

不動産取引でも成功を収めた。狙いを定めたのはフロリダだった。ジョセフが不動産取引を検討した1926年頃、フロリダではすでに不動産バブルが起こっていて、価格が暴騰していた。手に入れられるのは沼地だけ。しばらく様子を見ていると、猛烈なハリケーンで甚大な被害が発生してバブルが崩壊する。少しだけタイミングを遅らせることで、ジョセフは驚くほどの安値で不動産を手に入れ、大儲けできたという。

靴磨きの少年が教えた暴落の予兆

そんなジョセフに株式市場からの本格的な撤退を決意させたのは、靴磨きの少年とのちょっとした会話だったという。

1929年の夏、ウォール街にいたパット・ボローニャという少年に、靴を磨いてもらおうとした時のことだ。パット少年はウォールストリート・ジャーナルを読んでいた。

ジョセフが「相場はどうかね？」と尋ねると、「上がっています。上がる一方で……」と答えるパット少年。

「そうかね？　きみは儲けたかい」

「もちろん、予想が聞きたいんですか」ともったいぶるパット少年。「石油や鉄道をお買いなさい。天井知らずです。情報通が今日ここに来たんですよ」という。

これを聞いたジョセフは思った。「靴磨きの少年でも予想のできる株式市場は自分のやるべき株式市場ではない」と。

「黄金の20年代」と呼ばれる好景気の中で、ジョセフは富を求めてばく進し、莫大な資産を築き上げた。しかし、宴は終わろうとしていた。

「１９２９年の秋には、経済はすっかり不況の状態となっていた。６月には、工業生産指数も工場生産指数もともに頂上に達し、そして下降に転じた。10月になると、連邦準備工業生産指数は、４カ月前の１２６に比較して１１７となった。鉄鋼生産は６月以降低落した。10月には貨車積載量が低下した。最も活発な産業である住宅建築は、ここ数年下がっており、１９２９年にはさらにいっそう沈滞した」。経済学者

『［新版］バブルの物語　人々はなぜ「熱狂」を繰り返すのか』
ジョン・K・ガルブレイス著／鈴木哲太郎訳
（ダイヤモンド社／2008年刊）

ジョン・K・ガルブレイスは、その著書『大恐慌―1929年の記録』の中で、この時の経済状況を分析している。

これは「予想」ではない。公表されている経済指標から誰でも導き出すことができる、明らかな景気後退の「予兆」だった。しかし、一般の人々はもちろん、プロの相場師でもほとんどが、この予兆を見逃すか、気付いていても無視していた。「今や事態は変わっていた。見まちがうことのできない危険信号が発せられている」。ジョセフの生涯を描いた『ケネディ家の創始者』の著者リチャード・J・ホエーレンは当時の状況をこう記す。しかし、「経済界の大物である銀行家や工業家は、ほとんど一人残らず楽観論者であった」、「彼らは天井知らずの株式市場の中にあって危険を見てとることができなかったし、見ようともしなかった」というのが、当時の状況であったのだ。

実体経済の動きなどから、株価の転換点が近いことを予感していたジョセフは、春先にはすでに株式市場からの撤退を少しずつ進めていた。その予感が夏に出会ったパット少年との会話によって確信に変わり、株式売却を本格化させてゆく。

株価の上昇が続くと信じていた友人たちは、その行動に驚いた。しかしジョセフは、「最高値になるまで頑張り通すのは馬鹿者だけさ」と言い放ったという。

『ケネディ家の創始者　ジョセフ・P・ケネディ伝』
リチャード・J・ホエーレン著／鹿島研究所出版会訳
（鹿島研究所出版会／1967年刊）

そして「暗黒の木曜日」がやってきた。この日、ジョセフに「株指南」をしたパット少年は、いつもと同様にニューヨーク証券取引所の前にいた。「立っている人たちが話をやめて、取引所の方を見た。大レースの発走前の静けさのようだった」というパット少年。慌てて保有していた株式の売却に走ったが、投じた５０００ドルは１７００ドルに激減してしまったという。

阿鼻叫喚《あびきょうかん》の株式市場で、ジョセフは無傷だった。それどころか、株価暴落の過程で空売りを仕掛けていたという。儲けた金額は定かではないが、１００万ドルとも１５００万ドルともいわれている。「暗黒の木曜日」を予知し、「買い」から「売り」へと鮮やかに転じたことで、ジョセフの資産は、さらに膨れ上がったのである。

勝利の本質

多様な情報源とバランス感覚

株価暴落を予知し、万全の対策を講じたジョセフ・ケネディ。それを可能にしたのは、情報分析力の高さはもちろん、多様な情報源とある種の素直さ、バランス感覚であったように思える。

株取引を始めた当初、ジョセフは様々な情報に振り回され続けた。「信頼できる筋」から得た情報が実は「ガセネタ」で、大損するという経験を幾度も重ねた。

あるとき「信頼できる筋」から得た情報で株を買い進めていたところ、その会社の当事者から「それは単なるゴシップだよ。君はそんなに買ったのか」といわれて慌てて手放した。ところがその当事者はウソをついていて、直後に株価が急騰し、地団駄を踏んだという。

こうした苦い経験の中から、ジョセフは情報の信憑性を見抜く力を高め、活用する術を身につけてゆく。

ハーバード大卒で、銀行経営の経験もあったジョセフは、幅広い人脈を持ち、そこから多種多様な情報を得ることができた。

ジョセフはそれらの情報を鵜呑みにすることはなかったが、完全に無視することもしなかった。玉石混淆《こんこう》の情報の中から、本当に頼れると感じる情報を見つけ出すと、驚くほど素直に従った。

その一例がフロリダでの不動産取引だ。

当時のフロリダは不動産バブルが起こっていて、マイアミには2万5000人もの土地ブローカーが殺到していたという。1909年には1万ドルだった3マイルほどの海岸線の地価が暴騰、高額すぎるために5000フィートごとに切り分けられたが、その価格が20万ドルになるという狂乱状態にあったのだ。

出遅れていたジョセフが、仕方なく沼地を100万ドルで買おうとしていると、知人から警告を受けた。「どうしてフロリダの沼地が、ボストンの一等地より値打ちがあるんだ」というのだ。当初ジョセフはこの忠告を無視していたが、フロリダに行く直前に、信頼を寄せていた2人の友人にも意見を聞いた。すると、「フロリダのことは忘れろよ」などと強く反対されたのだ。このときのジョセフの言葉が伝記『ケネディ家の創始者』に記されている。

「誰にだって間違いはあるさ。けど、ガレン・ストーンとマット・ブラッシュ（著者注：アドバイスを受けた2人の友人）が同時に間違うなんてことはあり得ない。どうなるか、少し様子を見ようじゃないか」と、ジョセフはフロリダ行きを直前にキャンセルする。

その直後にフロリダは強烈なハリケーンに襲われて大きな被害が発生、バブルは崩壊して不動産価格は暴落した。ジョセフはバブル崩壊後にフロリダの不動産を購入、その価格は驚くほどの安値だった。そして、その後の不動産価格の回復で莫大な利益を上げることができたのだった。

『ケネディ家の創始者』の著者、リチャード・J・ホエーレンはジョセフについて、「投機家として理想的な素質、すなわち、情報収集に対するあくなき熱意、感情に全くとらわれない冷静さ、好機を逸さぬ素晴らしいセンスの持ち主」だとしている。この才覚が最大限に発揮されたのが、「暗黒の木曜日」を前にして、すべての株式を処分するという行動だった。

広範な情報を収集し、慎重に吟味した上で取引の意思決定に反映させていく。当たり前のことのようでなかなか難しく、バランス感覚が問われる。総合力において情報処理に長けていたことが、ジョセフ・ケネディの「勝利の本質」であったのだろう。

「暗黒の木曜日」の直前、株式市場から撤退したジョセフ・ケネディは、政治の世界に活動の軸足を移してゆく。ウォール街を監視する証券取引委員会（ＳＥＣ）の委員長になった後、１９３８年には駐英大使に着任し、第二次世界大戦が開戦を迎えるタイミングで要職を担った。

第二次世界大戦後、ジョセフはその政治的な野望を次男のジョン・Ｆ・ケネディに託し、１９６１年に第35代大統領に当選させた。しかし、それから2年後、ジョンはテキサス州ダラスで暗殺され、１９６８年には三男ロバートまでもが、大統領選挙キャンペーン中に暗殺されるという悲劇に見舞われた。ジョセフが息を引き取ったのは１９６９年11月18日のこと。しかしながら、その死後も莫大な資産が遺され、現代のケネディ家に引き継がれている。

ケネディ大統領の父親としてその名を知られるジョセフだが、相場における足跡と名声もそれに引けを取らないほど大きいのである。

『汝の父の罪　呪われたケネディ王朝』
ロナルド・ケスラー著／山崎淳訳
（文藝春秋／1996年刊）

CASE 2

バーナード・M・バルーク
「事実博士」は自動車と住宅に目をつけた

バーナード・M・バルークは20世紀のアメリカで、長く絶大な影響力を振るった政財界の大物だ。ウッドロー・ウイルソン（第28代アメリカ大統領）に始まり、フランクリン・ルーズベルト（第32代）、ハリー・トルーマン（第33代）にドワイト・アイゼンハワー（第34代）など、歴代の大統領と深い関わりを持っていたバルークは、長くアメリカの政策決定に関与してきた。第一次世界大戦から大恐慌、そして第二次世界大戦を経て、戦後の冷戦に至るまでである。とりわけルーズベルト大統領との関係は深く、ニューディール政策の創始者の一人ともされている。

バルークは日米開戦の阻止にも奔走している。国際情勢に精通していたバルークは、日米開戦が共産主義国を利することになると判断していた。日本の来栖《くるす》三郎特派全権大使と水面下で交渉を続け、ルーズベルト大統領に妥協を促したり、天皇宛ての電報を送らせたりしていた。戦争回避の手応えを感じていたバルークだったが、日本

『世界金作り名人伝』
新保民八著
（実業之日本社、1954年刊）

軍の真珠湾奇襲攻撃によって、努力は水泡に帰した。その知らせを聞いたバルークは「我々は騙されたのか……」と、深く失望したという。

軍需産業とのパイプも深く、「死の商人」とも呼ばれたバルークだが、その出発点は相場師だった。若くして大富豪となり、株価大暴落にも無傷だった。暗黒の木曜日の直前、保有していた株式のほとんどを売り抜けていたバルークは、その後も資産と政治的な影響力を維持し続けることになる。

医者の家系でボクサー志望

バーナード・Ｍ・バルーク（Bernard Mannes Baruch）は１８７０年、サウスカロライナ州カムデンで生まれた。父親はユダヤ系の医者で、一家はバルークが14歳の時にニューヨークに移り住んだ。ニューヨーク市立大学で学んだバルークだったが、卒業後の進路が定まらなかった。バルークが真剣に考えていたのがプロボクサーの道で、トップ選手の指導を受け、みるみる腕を上げていたのだ。しかし、ドイツ語やフランス語に加えて、ヘブライ語やラテン語、ギリシャ語まで自在に操るバルークに、周囲の誰もが他の仕事に就いた方がよいとアドバイスしたという。

『開戦前夜』
児島襄著
（文春文庫／1987年刊）

こうした中、母親はバルークの将来を、骨相学者に占ってもらった。母親は医者になってほしいと考えていたのだが、バルークの大きな頭を触った骨相学者はこう告げた。「金融か政治の分野で大成功する」と。このお告げは大当たりだった。この後、バルークは相場師としても政治家としても、大成功を収めることになるのである。

バルークはボクサーの道を諦め、ウォール街の証券会社で働き始めた。ところが、与えられた仕事が単純な両替業務だったことから、早々に退職してコロラド州の鉱山に向かった。稼いだ金で鉱山株を買って一儲けを狙ったのだが、これが大外れで全財産を失ってしまう。後から調べてみれば、その会社が持つ鉱山は全く見込みがないことが容易に分かったのだが、手遅れであった。

ここでバルークはひとつの教訓を得た。「買ってから調べたのでは遅い。まず調べてから買わなければならない」。これが後の大成功を生むことになるのである。

「特別情報」に注意せよ

鉱山投資で失敗したバルークは、ウォール街に戻ってきた。証券会社に就職し、週給5ドルで雑用係をしながら、夜は簿記の学校に通い、経済誌などを読み込んで、株

「バーナード・バルークの半生」
「投資月報」1958年7月号～1959年5月号

式相場の知見を蓄積してゆく。バルークの相場予想はよく当たった。他の社員たちも、自分で考えるよりバルークに聞いた方が早くて正確だと一目を置くようになり、給料は週給25ドルと5倍に跳ね上がったという。

自己資金での株取引も始めたバルークだが、最初は試行錯誤が続いた。

例えばこの頃、バルークはある鉄道会社の「特別情報」を入手した。まだ公開されていない秘密の話だが、これから大規模なリゾート開発に乗り出すので、株価暴騰は必至だという。情報の出所は怪しかったが、それでもバルークは、父親からも資金を出させ、その鉄道会社の株式を買い付けた。果たしてリゾート開発は始まったものの軌道に乗らず、バルークは父親の拠出金も含めて大金を失う。

そんなバルークが捲土重来《けんどちょうらい》を期したのが、アメリカン・シュガー株だった。

アメリカの砂糖生産の4分の3を占め、高収益を上げていたアメリカン・シュガーだったが、砂糖の関税引き下げ問題を抱えていた。関税が引き下げられれば、安価な砂糖の輸入が急増し、アメリカン・シュガーの収益を圧迫することが予想された。関税引き下げ法案が議会下院を通過したことで、アメリカン・シュガーの株価は急落していたのだ。

バルークはこれをチャンスと捉えた。産地の状況などを綿密に調べた結果、上院は

『黄金の掟 ― 破産回避術』
ジョン・ボイク著／鈴木敏昭訳
（パンローリング／2009年刊）

生産農家の保護を優先して、関税引き下げ法案を却下すると判断したのだ。バルークの読み通り、関税引き下げは見送られ、アメリカン・シュガー株は急上昇、安値で購入していたバルークは6万ドルもの利益をたたき出したのだ。

「まるで世界一の金持ちになったような気分を覚えた」というバルークだったが、その直後にまた失敗を犯す。勢いに乗って買ったのが、アメリカン・スピリッツの株式。合併が近いという「特別情報」があり、バルークが信頼していたトマス・ライアンという人物も「買い得だ」と断言しているという。これを聞いたバルークは、アメリカン・シュガーで儲けた全財産を投入したのだが、これが大外れで、再び破産寸前になってしまう。

悔しい胸の内をライアン本人に打ち明けると、「あのウイスキー株を買えと、この私が君にいったかね?」という。バルークはライアンと親しいと主張する人物からささやかれただけで、ライアン本人から直接聞いていたわけではなかった。「特別情報」を入手したと思い込み、舞い上がった結果であった。

こうした試行錯誤を経て、バルークは相場の極意を身につけていった。

それは「事実」を把握することが何よりも大切、ということだ。「予想、内部情報、あるいは希望的観測などに一切とらわれることなく、事実をありのままに把握することが重要だ」とバルークはいう。これが実現できていれば、根拠のない噂などに振り回されることなく、自信を持って相場に向き合えるというのだ。

この教訓を胸に刻んだバルークは、綿密な情報分析で「事実」の把握に全力を尽くし、その上で株取引の意思決定を下すという方針を掲げた。

例えば、自動車の普及を見たバルークは、その波及効果について様々な検討を重ねた結果、ゴム製造会社が成長すると判断して大儲けした。また、ある鉄道会社が、小麦の輸送量を増やすために新規路線建設に乗り出すとの情報が流れてきたときのこと。相場関係者の多くは、この路線の将来性に疑問を呈したが、バルークは独自の情報分析を経て、小麦の豊作と輸送量の増大を確信する。その予想は的中し、小麦の豊作によって鉄道会社の運賃収入は50％も増加、株価も急上昇したという。

デート中でも情報分析

バルークはどんなときでも、株価の動向に思いを馳せていた。好天が続いていたある日のこと、バルークは恋人とセントラルパークのベンチでおしゃべりをしていた。しかし、バルークの心はここにあらず。「もし、この日照りが続いたら、とうもろこ

『相場ヒーロー伝説』
鍋島高明著
（河出書房新社／2005年刊）

しの収穫はよくない。この収穫物の輸送に当たるロックアイランド鉄道の株は売りだ」などと思いを巡らせていた。せっかくのデートが台無しだが、クレイジーなまでの情報収集と分析、そして「事実」へのこだわりが、バルークの株取引を成功に導いていった。

少しずつ、しかし着実に資産を増やしていったバルークは、32歳で320万ドルの資産を手にしていた。「オギャーと生まれ落ちた時から毎年10万ドル儲けた計算になる」と、世間で話題にもなったバルーク。35歳の時、故郷のサウスカロライナ州ジョージタウンの「ホブコー荘」を購入した。広さ1万6000エーカー(6475ヘクタール)という広大な敷地を持つ大邸宅は、バルークの富の象徴として知られることになる。

ウォール街から政治の世界へ

1914年に第一次世界大戦が始まると、バルークは突如としてウォール街を去る決断を下した。新たな活動の場は、政治の世界だった。株式相場を通じて、多くの有力者と知り合いになったバルークは、時の大統領、ウィルソンに請われて政権入り

『操られたルーズベルト―大統領に戦争を仕掛けさせた者は誰か』
カーチス・B・ドール著／馬野周二訳
(プレジデント社／1991年刊)

する。国防会議の諮問委員や戦時産業局の局長などの重要なポストを歴任し、軍需産業に深く関与するようになってゆく。これによってバルークの資産は2億ドルに膨れ上がったなどと噂され、「死の商人」と呼ばれることになるのである。

後にイギリスの首相となるウィンストン・チャーチルと親交を結んだのもこの時期だ。軍需大臣としてアメリカと交渉していたチャーチルが「この電報のあちら側の相手は、鉄のような強い意志と、明敏な頭脳を持った男で、実に敏速な判断を下し、しかもその決断を変えない立派な人物に違いない」と思ったのが、他ならぬバルークであった。プライベートでもバルークと親交を深めたチャーチルは、訪米した際には必ず会い、ホブコー荘も訪れる親友となった。相場好きだったチャーチルは、バルークに教えを乞うことも多かったという。

「ウォール街の賭博師からペンシルベニア大通り*の英雄に早変わりした」といわれたバルークは、ウィルソン以降の大統領とも「特別顧問」などの形で深い関係を持ち、「影の大統領」といわれるほどの強い影響力を発揮していくのである。

＊ペンシルベニア大通り

アメリカ合衆国の首都ワシントンのメインストリート。ニューヨークの「ウォール街」が金融の中心地を示すのと同様、政治の中心地を象徴する地名。

株価大暴落を予知したバルーク

公職に就いたバルークは、利益相反の恐れなどから、ニューヨーク証券取引所の会員権を手放したり、政府関連の株式を処分したりしていた。しかし、株式市場から完全に撤退したわけではなく、一定のポートフォリオは維持し、相場動向に目をこらしていた。

そして、1920年代が終わりに差しかかろうとしていたとき、バルークはひとつの結論に到達した。長く続いた好景気が終わりを迎え、株価もピークアウトするというのだ。

バルークは集め続けた統計情報の中から、自動車販売と住宅着工の落ち込みを示すデータに着目した。アメリカの景気を牽引してきたこの2つの分野の減速は、景気後退が始まるサインだと考えたバルーク。政権の中枢にいることで、政治家や官僚、民間企業の有力者などから、深く多様な情報を得ていたことも、統計を的確に解釈する上で有利に働いたに違いない。バルークがかき集めてきた情報から導きだされた「事実」は、近々、株価が下落に転じることを示すものだったのである。

そこに、ダメ押しともいえる「事件」が起こった。自宅近くで浮浪者のような老人に呼び止められたバルークは、「いいネタがあるけどどうかね？」と耳元でささやかれた。この老人は、株の購入を薦めるためにバルークに声をかけたのだ。

ジョセフ・ケネディと靴磨きの少年のエピソードと同じだ。この老人が株をやっているということは、あらゆる人が、株式市場に参入していることの表れである。ゆえに、買い需要は完全に出尽くしていて、これ以上の値上がりは不可能と、バルークはこの時に判断したのだった。

バルークは静かに、しかし着実に株式市場からの撤退を開始する。売却代金は、金（ゴールド）に替えていった。知人たちにその理由を尋ねられると「私は株は嫌いです」などといって煙に巻いたバルーク。しかしそんな会話の最後に「私が今、持ち金をどうかしようとするのなら、洗いざらいのお金で４％の利付き政府公債を買います」とささやいたという。

これを聞いた知人たちは、「さすがのバルークも老け込んだものだ」などと思ったという。誰もが株価の上昇は、まだまだ続くと固く信じていた。しかし、それから数週間も経たずに、「暗黒の木曜日」が襲ってきたのだ。

『バブルの歴史』
エドワード・チャンセラー著／山岡洋一訳
（日経ＢＰ／2000年刊）

暗黒の木曜日を目撃していたチャーチル

その日、ニューヨーク証券取引所は、見学者用スペースを昼過ぎに閉鎖してしまった。眼下に広がる立会場が、パニックに陥っていたからだ。1929年10月24日、後に「暗黒の木曜日」と呼ばれるこの日、売り注文が殺到して、立会場は阿鼻叫喚に包まれていた。

見学者用のスペースが閉鎖される直前まで、その様子を眺めていたのがチャーチルだった。講演のために訪米していたチャーチルは、ウォール街を散歩中に「見知らぬ人に誘われて」何気なく証券取引所に入ったというのだ

「意外な静けさと秩序……そこで彼らは……かつての株価の3分の1、時価の半値でお互いに大量の株を売りに出し、そこからいたずらに時間が経過しても、彼らが売らざるを得なかった安全確実な資産を買いとるほど強力な買い手は見つからなかった」と、株価暴落を眺めていたチャーチル。

チャーチルを証券取引所に誘った「見知らぬ人」だが、これがバルークだった可能性は高い。この直前、チャーチルはバルークと早めのランチを食べていた。株価暴落を知っていたバルークが、「見に行ってはどうか」と、チャーチルを促したのではな

いだろうか。チャーチルが「見知らぬ人に誘われて」としたのは、バルークが株価暴落の裏で暗躍していたとの印象を与えないためだったと考えられるのである。

この日、バルークも冷静に株式市場の混乱を見つめていた。バルークは1929年9月の時点で、大半の株式を処分していたとされている。「暗黒の木曜日」の到来を予期し、準備万端でその日を迎えたバルーク。綿密な情報収集と分析でつかんだ「事実」によって、富を築いただけでなく、未曾有の株価大暴落からも逃れたのであった。

勝利の本質

事実に対して謙虚であれ

株式相場で莫大な資産を築くばかりか、株価の暴落を予知して、見事に売り抜けたバルーク。その相場哲学は、「事実」に基づいた意思決定と、株式市場に対する謙虚な姿勢にあった。

「事実」を求める相場戦略

バルークには、成功の方程式があった。まず、可能な限りの「情報」を集める。そして、集めた情報を分析した結果、「事実」をつかんだと確信できたなら、売買の意思決定を下す。これを正しく実践できたとき、バルークの株取引は大成功を収めている。

もちろん、雑多な情報をかき集めるだけでは、「事実」にたどり着くことはできない。「事実を調査する場合、外科医と同じくらい冷静でなければならない」とバルークはいう。バルークは長年の経験の中で、雑多な情報を精査し、信頼に足る「事実」を抽出する技術を獲得していたのだった。

信頼に足る情報とは、どのようなものであるか。これを明確に定義するのは難しいが、相場におけるバルークのキャリアを振り返ると、いくつかのヒントが見つかる。

バルークが断固として排斥したのは、「特別情報」だ。株取引を始めたばかりの頃、バルークは特別情報に幾度となく煮え湯を飲まされた。特別情報は、ドラマチックで分かりやすいストーリーで心を奪うが、その出所は曖昧で、ロジックに主観が満ちている。

逆に、バルークが信頼した情報の筆頭は「経済指標」だ。暗黒の木曜日が迫る直前、バルークは長く続いた好景気が終わりを迎え、株価も大きく下落してゆくとの確信を得た。

その根拠となった「情報」は、自動車販売と住宅着工の落ち込みであったのだ。

個別企業の情報分析においては、バルークがとりわけ重要視したポイントが3つある。

第1に、実質資産（現金や不動産など）と負債のバランス。

第2に、事業の形態。人々の生活に密接に結びついているものが望ましい。どんなに不景気になっても、衣食住は生活の基本であり、需要が減っても消滅することはないというのがその理由だった。

第3は、経営陣の質で、これを最も重要視した。経営陣の質こそ、会社の収益や将来性に直結するというのだ。

感性派のケネディと理論派のバルーク

バルークの情報活用術は、同じく暗黒の木曜日を予知したジョセフ・ケネディと似ているようで、少し異なる。

ケネディもバルークも、ガセネタに振り回された手痛い経験に学び、多くの情報を集め、巧みに活用するに至った。この点は共通する。

ただ、ケネディの場合、情報の取捨選択においては、自らの感性に頼るところが大きかった。ハーバード大学などの人脈からもたらされた情報や意見に対し、「怪しい」と完全に無視することもあれば、「あの人がそう言うのなら……」と、素直に従うこともあり、誰のどの言葉を重視するかは、感覚的に決めていた印象が強い。

これに対してバルークは、理詰めのアプローチを選んだ。集めた情報を独自に分析し、「事実」を抽出して勝負する。ケネディが「感覚派」なら、バルークは「理論派」といえるだろう。

こうしたバルークの姿勢は、後の政治家としての活動でも貫かれた。「この基本原則が、どこにでも当てはまることを知った」というバルークは、政府から与えられた仕事についても、「私はまず、当面の問題や状況の事実的側面を徹底的に調べることから始めた」という。こうした仕事ぶりを見ていたウィルソン大統領は、バルークを「事実博士（Dr. Facts)」と呼んだ。「事実」を徹底して追い求める姿勢が、株価大暴落から身を守り、政治の世界でも大成功した「勝利の本質」だった。

株式相場に対する謙虚な姿勢

「事実」を追い求めたバルークは、自らを厳しく律した。天才的にも見えた市場心理の読みは、ストイックな姿勢から生まれた。そんなバルークは株式相場に参加する人々に向けて多くの教訓を残している。

バルークの自伝『Baruch：My Own Story』から、そのいくつかを紹介しよう。

＊株価の大底で買い、天井で売ろうとしてはならない。嘘つきでもない限り、これは不可能なことなのだ。

＊損失は素早く清算しておく。常に判断が正しいということはあり得ない。誤りを犯したと気付いたときには、その始末をできるだけ早く付けることだ。

＊数多くの銘柄に投資してはならない。細心の注意を払うためには、少数の銘柄に投資するに限る。

これらの教訓に表れているのは、株式市場に対する謙虚な姿勢だ。

バルークは、株価が高すぎるのか安すぎるのかを議論することには意味がないと考えていた。市場の動きをありのまま、素直に受け入れるべきだというのだ。

この考えが広く一般の人に示されたのが、1955年3月に開かれた議会での公聴会だった。バルークは上院の「銀行・通貨委員会」に呼ばれ、株式市場の状況について意見を求められた。この時、株価が急騰中で、過熱しているとの懸念から、政府が規制をするべきとの声が上がっていたのである。

バルークに先立って証言したのが、高名な経済学者ジョン・ガルブレイスだった。「株価は1929年当時のブームを彷彿とさせるものがある。政府による何らかの規制措置が必要だ」と、ガルブレイスは述べた。権威ある学識者によるこの証言に対し、委員長から意見を求められたバルークは、明らかな不快感を示した。

「私は（ガルブレイスの指摘に）あまり注意を払わない。（ガルブレイス）教授が経済の権威であろうとなかろうと、教授の証言内容については、あなたたち自身が判断すればそれでよいではないか」と、冷たくあしらい、こう言い放った。

「株価が高すぎるかどうかを議論することは、実にナンセンスだ。誰にも分かるはずがない。株価は経済、政治、国際関係を、天候でさえも含めて、予測しがたい要素で変動するものであり、「学者たちの見通しが、常に我々以上に確かで価値あるものであったことはなかった」と結論づけたのだ。

市場で戦うことなく、傍観しているだけの経済学者の見解など、私は信じない、というわけだ。この時バルークは84歳、長きにわたるキャリアと信念に裏打ちされた、確信に満ちた発言であった。

どれだけ成功を収めても、株式市場に対する謙虚な姿勢を失わなかったバルーク。これがバルークの「勝利の本質」であったのである。

大恐慌を目前に株を売り抜け、自身の資産を守ることに成功したバーナード・バルーク。その後は、ルーズベルト大統領の特別顧問として、重要な役割を担うことになった。ニューディール政策の立案に深く関わり、戦後は核兵器の国際管理に関する「バルーク・プラン」などを打ち出した。

「冷戦」という言葉の生みの親もバルークだとされる。１９４７年、国際連合原子力委員会のアメリカ代表であったバルークが、講演の中で「ソ連はアメリカに冷戦を挑んでいる」と述べたことを契機に、一般に用いられるようになったのである。

「金融か政治の分野で大成功する」と予言されたバルークはそのどちらも果たした。亡くなったのは１９６５年、94年の生涯であった。

『Baruch：My Own Story』
Bernard Baruch著
（Beta Nu Publishing／1965年刊）

CASE 3

ジェシー・L・リバモア
「突撃小僧」は3度テストした

ジェシー・L・リバモアは「世紀の相場師」として、ウォール街にその名をとどろかせた大物だ。リバモアもまた、未曾有の株価暴落の前に株式を売り払い、さらには空売りまで仕掛け、万全の準備でその日を迎えていた。

その極意は、ジョセフ・ケネディ（Case1）ともバーナード・バルーク（Case2）とも異なっていた。頭の中で予測を立てるのではなく、実際に小さな取引を仕掛けて、手がかりを探るという実践的な手法を取っていたのである。

高速取引で荒稼ぎ

ジェシー・L・リバモア（Jesse Lauriston Livermore）は1877年7月26日、マサチューセッツ州シュルーズベリーに生まれた。父親は貧しい農夫で、石ころだらけの畑を耕しながら生活の糧を得ていたが、やがてそれも失い、一家は祖父の下に身を寄せた。

リバモアは豊かな知性と想像力を持つ少年で、学校に通い始めると算数で抜群の力を見せたが、家庭の事情から農作業に専念することを迫られ、退学を余儀なくされる。これに反発したリバモアは、母親からもらった5ドルをポケットに入れて家出する。14歳の決断だった。

たどり着いたのは、大都会ボストン。荷馬車から飛び降りたリバモアは、証券会社ペイン・ウェバーの前に立っていた。「何か用かい？」と尋ねられ、「仕事があれば……」と答えた。そして「算数は得意か？」という質問に「はい」と答えると、即座に黒板係（チョーク・ボーイ）として採用されたのだった。

黒板係の仕事は、株価情報を時々刻々伝えてくるティッカー・テープを読み取り、巨大な黒板にチョークで書き付けるというもの。算数が飛び抜けて得意なリバモアは、この単調な作業を通して相場に規則性を見いだす。「株価は物理の法則に従って上下する」と感じ始めたのだ。

自分でも株を売買したいと考えたが、資金がない。そんなリバモアが活用したのが「バケットショップ」だった。

『世紀の相場師 ジェシー・リバモア』
リチャード・スミッテン著／藤本直訳
（KADOKAWA／2001年刊）

バケットショップはいわゆる「ノミ屋」だ。実際に株式を売買するのではなく、バケットショップ内で、売りと買いの価格差だけを決済する「差金決済」によって取引する。売買益の95%を店側が吸い上げる仕組みで、闇社会の資金源にもなっていたが、取引に参加する側にもメリットはあった。売買代金の10%の証拠金を支払えばいいだけなので、少額の資金で大きな取引が可能となるのだ。手持ちの資金に乏しいリバモアにとってうってつけだった。

バケットショップは、取引が迅速なのも特徴だった。実際の株式取引では、電話などで出された売買注文が、取引所の場立ち（フロア・トレーダー）を通して執行される。時間と手間がかかる上に、注文通りの売買価格で取引される保証もなかった。これに対してバケットショップは、取引自体が「架空」であるため、時間も手間もかからず、ティッカー・テープが示した株価で何時でも取引することができた。リバモアは、ティッカー・テープの動きを追い、細かな売買を繰り返す「高速取引」を好んだ。フットワークの軽いバケットショップはこの点でも理想的であった。

リバモアはバケットショップで儲けまくった。付いたあだ名は「突撃小僧」（boy plunger）。15歳とは思えない大胆で巨額の取引で得る利益は、やがて証券会社の黒板係の仕事を遥かに超えるようになってゆく。

「出入り禁止」の余波が広がる

あまりに儲けすぎたことで、行きつけのバケットショップが破産寸前となり、リバモアは出入り禁止となった。これをきっかけに、証券会社を退社したリバモアはトレーダーとして独立し、ニューヨークへと活躍の場を移す。20歳の若さであった。

自信満々で「本場」のニューヨークに乗り込んだリバモアだったが、現実は甘くなかった。わずか半年で蓄えてきた資産を使い果たし、破産に追い込まれてしまう。

その理由は、現実の証券取引所での取引に馴染めなかったからだ。リバモアは短期間に高速で売買を繰り返す「高速取引」を得意としていたが、これは「架空取引」のバケットショップでこそ可能な手法だった。

特にニューヨーク証券取引所では、多くの参加者が大量の売買注文を出すことから、これをさばくのに多くの時間と手間がかかる。高速取引をやろうとしてもできなかったのだ。バケットショップとは勝手の違う証券取引所での売買に戸惑ったリバモアは、焦りから衝動的な取引に出て、損を重ねてしまった。

破産したリバモアは、慣れ親しんだバケットショップで再起をかけた。しかし、ボストンでの出入り禁止処分が知られていたため、どこのバケットショップもリバモア

『伝説の7大投資家―リバモア・ソロス・ロジャーズ・フィッシャー・リンチ・バフェット・グレアム』
桑原晃弥著
（KADOKAWA・角川新書／2017年刊）

を受け入れてくれなかった。そこで目指したのは中西部のセントルイス。東海岸のボストンやニューヨークから遠く離れた中西部では、出入り禁止の「事件」はまだ知られていなかった。勝手知ったるバケットショップで、すぐさま大儲けしたリバモア。しかし、ここでも出入り禁止処分を受けたことから、再びニューヨーク証券取引所に挑戦することになる。ところが、今回も勝手の違いに苦戦し、1901年に2度目の破産となってしまったのだ。

破産を糧にした「テスト×増し玉戦略」

再び破産したリバモアだったが、もはやバケットショップに戻ることもできない。そこで自らの取引手法を再検討し、少しずつ変えていった。細かな株価の変動を追うのではなく、より長期的な視点で取り組むべきだとした。相場の転換点を読み取り、その流れを着実につかむことで、利益を上げようと考えたのだ。

そこでリバモアが開発した手法が、「テスト」と「増し玉戦略」であった。

「テスト」とは、株価の動きが転換点に近づいていると見込んだら、試しに少額の取引を仕掛けてみるということ。例えば、これから上がりそうと見込んだ数銘柄について、少し買いを入れてみる。市場の流れがこれに追従するようなら、次第に取引額を増やす「増し玉戦略」へ移行してゆく。逆に、値が上がらなければ、早々に損切りをして撤退する。

頭の中でシミュレーションするだけでは、十分ではないとリバモアは考えた。そして、シミュレーションの正しさを、実際の売買を通じて確かめ、市場の感触を直接つかみ取ろうとしたのだ。

リバモアは１９０７年、この手法で大きな成功を収める。株式市場は当時、総じて上昇を続けていた。この動きに変調を感じ取ったリバモアは、波状的な空売りを仕掛けた。すると株価は下げに転じ、利益が得られた。このテストの成功を受けて空売りを続け、徐々に金額を増やしていったリバモア。株価は最終的に暴落し、リバモアは３００万ドルという大金を手にする。

この大成功で、世間の注目を一気に集めたリバモア、付いたあだ名が「ウォール街のグレート・ベア」だった。「ベア*」とは「弱気」や「下げ相場」を意味する言葉で、熊（Ｂｅａｒ）が手を振り下ろして相手を攻撃する様子から付けられたものだ。

この時の株価暴落に、強い危機感を持ったのが金融界の大物Ｊ・Ｐ・モルガンだった。モルガンは自分の資金を投入して株式市場を買い支えると同時に、リバモアに個

＊ベア
「弱気」や「下げ相場」を意味する。熊（Bear）が手を振り下ろして相手を攻撃する様子になぞらえた言葉。逆に、強気や上昇は「ブル」（Bull）と呼ぶ。牛が攻撃するときに、角を下から突き上げてくる姿になぞらえたものだ。

人的な連絡を入れて、空売りを止めるように頼み込んだという。「突撃小僧」は、モルガンも認める大物になっていたのである。

ところがリバモアは、ほどなくして3度目の破産をしてしまう。

綿花王として知られていたペリー・トーマスという男と知り合い、その話に乗せられて大きな綿花取引に打って出た。リバモアは綿花相場の先行きを弱気と読んでいたが、トーマスは強気だった。トーマスは、綿花取引の専門家で、長い経験と豊富な知識の持ち主。そんなトーマスの意見を受け入れたリバモアは、自分の読みに反して、巨額の買いを実施する。これが大失敗となり、リバモアは1914年に3度目の破産宣告を受けた。

リバモアは深く反省した。リバモアはもともと、自らを信じて単独で行動し、他者の意見を聞かないことをモットーとしていた。それに反したがゆえの失敗だったからだ。それだけではない。自ら定めていた「損切りポイント」を超えるまで買い続けたことで、傷を深くしてしまった。自分の精神的な弱さを思い知らされたリバモアは自信喪失となり、この後、長いスランプに苦しむことになる。

リバモアがかつての輝きを取り戻すのは、またしても下げ相場《ベア》の局面だった。1916年の終わり、リバモアは、思い切った空売りを敢行した。第一次世界大戦に伴う軍需景気で高騰していた株価の変調を読み取ったのだ。この時に使ったのも、「テスト」と「増し玉戦略」だった。この直後、アメリカが和平提案をしたことで株価は暴落する。これによって300万ドルを稼いだとされるリバモアは、見事な復活を遂げたのだった。

相場師として円熟期を迎えたリバモアに、暗黒の木曜日が迫っていた。未曾有の株価大暴落に、リバモアはどう対処したのだろう。

迫り来る暗黒の木曜日

1920年代の株式市場は順調に値を上げ続け、やがて多くの国民を巻き込んだ熱狂的なブームとなった。天井知らずの上昇を続ける株式市場の流れに、リバモアは「グレート・ベア」のあだ名を返上し、買い攻勢を続けることで順調に資産を増やしていった。

ニューヨーク・ロングアイランドに構えた邸宅は敷地面積13エーカー（5・26ヘクタール）、29の部屋と12の浴室を備える豪邸だった。食堂には48人が囲むことができる大テーブルが置かれ、最新式のキッチンでは4人の専属料理人が腕を振るった。地下にはバーや遊戯室などのほか、住み込みの理髪師がいる理髪室もあった。ニューヨークのオフィスには、お抱え運転手付きのロールス・ロイスで通ったが、夏の気候の良いときには、保有しているヨットを使うこともあった。全長90メートル、14人のクルーが操船する巨大ヨットだった。

1929年の春にかけても、リバモアは徹底的な買い攻勢をかけていた。ところが7月に入ると、株価の上昇力が鈍り始めたと感じるようになる。

リバモアは考えた。これはさらなる株価上昇のための踊り場なのか、あるいは暴落の予兆なのか……。

デフレ下なのに、なぜ株価が上がる？

リバモアはファンダメンタルズを探った。鉄鋼の生産量は好調を維持していたが、自動車の生産量は落ち始めていた。住宅建設も大きく落ち込み、在庫が膨らんでいる。農産品の価格が下落したことが、農家の家計を直撃していた。

一方、株式市場は好調を続けているように見えた。株価は総じて上昇していたし、新規発行も過去最高となっていた。しかし、詳しく分析すると、ニューヨーク証券取引所に上場されていた1002銘柄中の614銘柄、およそ6割がこの半年間で下落に転じていた。その一方で上昇をしたのはわずか338銘柄と3割ほどに過ぎない。また、非上場の株式を扱う場外取引所でも、大きな下落が発生していたことが判明する。

この間、リバモアの周囲は慌ただしかった。リバモアの伝記『世紀の相場師ジェシー・リバモア』は、こう伝える。

「連日6人のスタッフを総動員し、ボードの下を際限なく歩かせた。ロンドン、パリへの直通電話も休むひまはなかった。シカゴの穀物取引所につながる直通電話は彼に、主な銘柄は軒並み空前の下落幅で下げていると伝えてきた。国内、海外いずれの経済にも一貫して疑問を拭い切れないリバモアは、世界が深刻なデフレに向かっていると感じた」

リバモアの見立て通り、世界が深刻なデフレに向かっているとして、株式市場が堅調に見えるのはなぜか。

素人が株式市場に新規参入しているためだとリバモアは分析した。

根拠の1つが全米の預金額の減少だった。過去20年間、増え続けてきた預金額が、ここへきて大きく減少に転じていた。これについてリバモアは、個人の新規参入者が、預金を取り崩して株式を買っている証拠だと考えたのだ。

株の売買が「夕刊紙を買うお金で楽しめる新しい国民的スポーツになった」とリバモアは断じた。遅ればせながら株式市場にやってきた初心者たちがいなければ、株価はすでに下落に転じていたはずであり、こうした買いが何時までも続かないことも明らかだった。

「テスト」が示した決断の時

しかし、ピークが到来するとしても、いつなのか。いつ売りに転じるのかが問題だ。株価が下落に転じる前、すなわち上昇している間に、売却しておくことがベストだが、その売り時が分からない。

リバモアはこれまでにも、トレンドの読みが当たっていたにもかかわらず、動くタイミングを間違えて大損した苦い経験を繰り返してきた。

ここでリバモアは、お得意の「テスト」を実行する。

最初の空売りは失敗だった。株価は上がり続けたままで、定めていた「損切り点」にすぐ到達して、25万ドルの損失を出してしまった。しばらくしてリバモアは再び空売りを仕掛けた。しかし、この時も株価が上昇を続け、早々に撤退を強いられた。

しかし3度目に空売りを仕掛けた時、初めて成果が現れた。利益の額こそ小さかったが、株価の上昇力が弱まり、下落に転じる確かな証しだと感じられた。

「テスト」の結果から、株価が下落に転じたと判断したリバモアは、ゆっくりと、しかし着実に売り攻勢を強めてゆく。増し玉戦略の出番だ。

これを知った友人たちは首をかしげた。株価は上昇を続けている。「いったいこの時期になぜ『売り』なんだ？」と。

しかし、リバモアの決意は揺らぐことはなかった。リバモアはほどなくして持ち株をすべて売り払った上に、巨額の空売りまで仕掛けた。株式市場を支配していた強気筋の牙城にわずかな亀裂を見つけたリバモアは、小規模に攻撃を開始し、やがて戦力を一気に拡大させて攻め入ったのだ。

そして株式市場は「暗黒の木曜日」を迎えた。株式市場は轟音を立てて崩れ去った。この時点でリバモアは１００銘柄に、4億５０００万ドルという莫大な空売りポジションを作り上げていたという。

株価が大暴落する中、リバモアは損失を防いだだけでなく、空売りで莫大な利益を出した。ダウ平均株価は11月13日までに32％の大暴落となり、リバモアの空売りは

『ビッグミステイク ― レジェンド投資家の大失敗に学ぶ』
マイケル・バトニック著／藤野英人監訳、鈴木立哉訳
（日経BP／2019年刊）

1億ドル、現在の貨幣価値で約14億ドルもの巨利を得たとされている。株価大暴落を見事に予知した「グレートベア」は、阿鼻叫喚の中で、勝利の雄叫びを上げたのであった。

勝利の本質

実践を重視した孤高のスタイル

リバモアの株取引は実践型だった。証券会社の黒板係からのたたき上げだったリバモアは、ティッカーから打ち出されてくる株価のリズムを体に刻み込み、次に訪れるリズムを予測する術を身に付けていった。

「株式市場に新しいことは何もなく、価格変動は単に過去の繰り返しであり、銘柄によって多少異なっても相対的な価格パターンは同じだ」と考えたリバモア。頭の中でシミュレーションするのではなく、株式市場の中に飛び込んで、相場の流れをつかんでゆこうとするのが、リバモア流の根本であった。

「テスト」で確かめる

リバモア流を代表する手法が、「テスト」と「増し玉戦略」だった。

例えば、それまでの経験や研ぎ澄まされた勘から、株価のトレンドに下落の可能性を感じたとする。しかし、リバモアはすぐに結論を出さず、まず「テスト」を行った。数種類の銘柄を選び出し、小規模の空売りを実施する。「テスト」がうまくいかず、株価が上昇を続ければ、早々に損切りをして撤退する。しかし、利益が上がるようであれば、少しずつ空売り額を増やしてゆく。これが「増し玉戦略」だ。

こうしたリバモアの実践型手法が、１９０７年、16年、そして29年の3度にわたり、株価暴落を予知し、空売りを仕掛けてその日を待つという戦略の遂行を可能にしたのだった。

机上の空論を避け、相場の物理的な動きに従うべきと考えていたリバモア。黒板係からたたき上げてきた経験から生み出された実践的手法が、リバモアの「勝利の本質」だったのである。

「雑音」を排除する

実践的手法を駆使したリバモアは、情報に基づく予測に対して否定的だった。「時事問題や経済ニュース、全米購買部協会指数、国際収支、消費者物価指数、失業率、戦争勃発のうわさといったものを含め、各種の経済統計、情報などをもとに株価の先行きを予想しようとするのは愚かな試みと言うしかない。なぜなら、これらの要因はすでに、株価の動きに織り込まれているからだ」と、リバモアは断言する。

「昔から、相場が動いた後には、多くの学者、専門家たちが細かな分析を行い、上昇下落の理由づけを行う。しかし、利益の確保を図るにはそれでは遅いのだ」という。経済指標などのファンダメンタルズに頼るのではなく、相場変動をそのまま捉えて、取引をする必要があるというのだ。

しかし、リバモアはファンダメンタルズを無視していたわけではない。「誤解のないように触れておくが、私がこうした要因に無知だったということでも、これらをことさら無視したということでも決してない。むしろその逆で、手に入れられる限りの新聞各紙を若い頃から購読し、目を通してきた」とリバモアは語る。

暗黒の木曜日が迫りつつあった1929年の夏、リバモアが相場の異変を最初につかんだのは、日々、向き合っていた株価の動きに対する「体感」だった。しかしリバモアは、これだけで売りに転じたわけではない。ファンダメンタルズを分析した上で、最終的には独自の「テスト」によってタイミングを探った。

リバモアは第三者のアドバイスを無視した。「他人の忠告に耳を貸すと、往々にして、自らの確信が揺らぎ、自分の判断は間違っているかもしれないと迷い出す。悪くすると優柔不断になり、誤った判断を下すようになる。優柔不断は自信喪失を引き起こし、投資資金の喪失につながる」と、厳しく戒める。

こうした信念に基づき、リバモアは人との交流を極力避け、秘密主義に徹した。朝早く起きて、一人でじっくりと相場を分析し、経済状況やニュースをチェックするのを日課としていた。オフィスでも、市場が開いている間は「私語厳禁」で、立ったままでティッカー・テープを読み続けていたという。

様々な人のアドバイスに耳を傾けたジョセフ・ケネディ（Case1）とは対照的であった。

雑音を排し、たった一人で相場の動きと向き合ったリバモア。3度の破産を経験しても屈しなかった男は、「孤高の相場師」だった。

1940年、リバモアは自著を出版した（『How to Trade in Stocks』／邦題『リバモアの株式投資術』）。

「投機というゲームは世界中で最も人々を魅了するゲームである」と書き起こしたリバモアは、「しかしそれは愚か者や怠け者、感情のバランスを欠く者のためのゲームでも、一攫千金を狙う相場師のためのゲームでもない。そういった連中は貧困の果てに最期を迎えることになる」と続けている。

孤高の相場師の悲劇

しかし、この本を出版した年の11月28日、リバモアはピストルで自ら命を絶つ。

1929年の株価暴落で大儲けしたものの、その後はスランプに陥っていた。32年、18年間連れ添った妻ドロシーは、リバモアの不倫に愛想を尽かして出て行き、深く愛していた2人の息子とも会えなくなった。翌年、リバモアはニューヨーク社交界の華だったハリエット・ノーブルと結婚するが、直後に長年愛人関係にあったハリウッド女優から、婚約不履行で訴えられた。

精神的に行き詰まったリバモアは、相場に対する勝負勘を失い、1934年3月、

4度目の破産に追い込まれた。その後、ついに立ち直ることができず、ウォール街にその名を馳せた男は、自ら命を絶った。

「わたしは落伍者だ。本当に申し訳ない。しかしもうどうすることもできない」。妻に宛てた遺書はここで終わっていた。

株価大暴落を予知し、空売りまで仕掛けて大儲けしたリバモア。しかし、相場の世界は苛酷だった。功成り名を遂げた者でも、少しでも隙があれば、悲惨な末路をたどる。「世紀の相場師」と呼ばれたリバモアの勝利と敗北は、それを如実に物語っているのである。

『リバモアの株式投資術』
ジェシー・ローリストン・リバモア、小島利明著／長尾慎太郎監修、増沢和美、河田寿美子訳
（パンローリング／2017年刊）

CASE 4

ベンジャミン・グレアム
「バリュー投資の父」は敗北に学んだ

1929年の株価大暴落の後、株式市場は長きにわたる低迷期に入った。32年にピーク時の1割近くにまで下落したダウ平均株価は、一時的な回復が見られたものの、暴落前の高値を超えたのは54年11月のこと。「失われた25年」とでも呼ぶべき困難な時代の中で、どうやって株取引から利益を上げてゆくのか。株式市場の参加者たちは、新しい課題に直面していた。

そもそも株価暴落とそれに続く低迷の原因の1つは、投資手法そのものにあった。かつての株取引は、個人の経験や直感に頼るところが大きく、インサイダー情報が正々堂々と利用されるなど、公平性や透明性を欠いていた。論理も倫理もない株取引が株価のバブルを生み、その崩壊が株式市場を毀損したのである。

このような状況を受け、1930年代以降、新しい投資の手法や理論が生まれていく。その筆頭が「バリュー投資」である。生みの親はベンジャミン・グレアム。

グレアムがバリュー投資の理論を詳述した大著『証券分析』を出版したのは１９３４年、株式市場がどん底に喘《あえ》いでいる最中のことだった。

バリュー投資とは、目先の株価変動に目を奪われるのではなく、その企業が本来持っている価値（バリュー）を割り出し、割安になっている株を買うという手法。「価格変動（相場）」ではなく、「価値」に着目したところに、「投機」から「投資」への進化がある。

「バリュー投資の父」と呼ばれたグレアムは、「オマハの賢人」こと、大投資家ウォーレン・バフェットの師匠としても知られている。「私の85％はグレアムでできている」とバフェットはいう。グレアムに憧れたバフェットは、直接教えを乞い、その下で働くことでバリュー投資の極意を学び、大投資家への道を切り開いたのである。

そんなグレアムのバリュー投資を生んだのは、大恐慌下での「敗北」だった。

数学と哲学の秀才が挑んだ投資業

ベンジャミン・グレアム（Benjamin Graham）は１８９４年、イギリス・ロンドンに生まれた。翌年、一家はアメリカ・ニューヨークに移り住んだが、グレアムが９歳の

『株で富を築くバフェットの法則［最新版］─不透明なマーケットで40年以上勝ち続ける投資法』
ロバート・G・ハグストローム著／小野一郎訳
（ダイヤモンド社／2014年刊）

時に父親が死去する。アルバイトで家計を助けながら高校を卒業したグレアムは、飛び級によってわずか17歳で名門コロンビア大学に入学する。全学2位という優秀な成績で卒業したグレアムは、大学院に残らないかという誘いを断って、ウォール街で働く道を選択した。

1914年、グレアムはニューバーガー・ヘンダーソン・アンド・ロエブという証券会社で働き始めた。経済学を専門的に学んだわけではなかったが、数学的なセンスに優れていたグレアムは、調査レポートを書いたり、企業分析をしたりする、現代の証券アナリストのような仕事に従事し、高い評価を獲得してゆく。

1926年、グレアムは「ベンジャミン・グレアム共同投資会社」を設立して、独立を果たした。これと並行して、28年から母校コロンビア大学のビジネススクールで、証券分析やファイナンスを教えるようになった。頭脳明晰なグレアムの存在は株式投資をする人々の間で知られ始め、投資家のバーナード・バルーク（Case2）からも、共同で事業をやらないかと誘われたほどだった。

すべてを暗転させた暗黒の木曜日

暗黒の木曜日に遭遇するまで、グレアムの投資成績は極めて良好だった。独立した１９２６年は、ダウ平均株価の上昇率が０・３４％と、株式市場は一時的な低迷期にあったが、グレアムは32％という驚異的な成績を上げた。29年の運用成績も、暗黒の木曜日までは60％と、ダウ平均株価の上昇率を10％以上も上回る高水準をたたき出し、株価暴落に備えて空売りまで仕掛けていた。

ところが、ここから歯車が狂ってしまう。株価が急落する過程で空売りを手仕舞った後、翌年になると一転して買い戦略を採ったグレアム。株式市場が理性を失っていて、株価は下がりすぎていると判断したのだが、これが大きな間違いであった。グレアムの読み通り、春先にかけて株価は上昇したが、すぐに失速してしまう。夏場以降は下落に転じ、その後は下げ足を速めて暴落の状態となる。１９３２年のダウ平均株価が、29年に付けた高値の10分の１になる中、グレアムも資産の70％を失うという大敗北を喫してしまった。

この敗北について、「投機的な人気銘柄を避けて、良い投資をしているつもりでした」と、後悔の念を語ったというグレアム。再起を目指し、投資手法の見直しを始め

『バリュー投資入門─バフェットを超える割安株選びの極意』
ブルース・グリーンウォルド、ポール・ソンキン、ジャッド・カーン、マイケル・ヴァンビーマ著／臼杵元春、坐古義之訳
（日本経済新聞出版／2002年刊）

た。

取り組んだのは財務諸表の分析だった。「今こそ、日々の市場レポートから目を離し、じっくりと時間をかけて、自分が所有している企業に関心を向ける絶好の時だ」と考えたのだ。そして、「慎重な分析を踏まえて、内在的価値を下回る株式を購入する」という方針を打ち出す。「アメリカには時価総額が解散価値を下回っている企業が非常に多い」ことに着目し、そのような企業の株式を取得するべきだと結論付けた。「私たちは経験から、市場価格がいずれ価値に追いつくことを知っています。紆余曲折はあっても、結局はその値にたどり着くはず」というグレアム。

価格ではなく価値に着目し、じっくりと時間をかけて利益を狙う。「バリュー投資」の誕生だった。

「葉巻の吸いさし」を狙うバリュー投資

グレアムはバリュー投資について、「吸おうと思えばまだ何ぷくかの余地がある『葉巻の吸いさし』を買うようなもの」と説明した。価値がないと打ち捨てられている株式の中に、十分な価値があり、将来的な値上がりも期待できるものが転がっているというのだ。

株式にはその基礎となる本質価値（intrinsic value）がある。その一方で、株価は日々の取引の中で乱高下し、本質価値との間にギャップが発生する。こうしたことからグレアムは、株価が本質価値より著しく下がっていた場合に限って、株式を購入すべきだという。グレアムはこのギャップを「安全性マージン」（margin of safety）と呼んだ。グレアムは安全性マージンが本質価値の半分、少なくとも３分の１以上ある株式に投資するべきだとしている。すなわち、１ドルの価値のある株について、可能なら株価が半額の50セント、悪くても66セントの時に買うべきだというわけだ。

この本質価値を算出するめには、財務諸表を詳細に分析し、乖離幅を算出する必要がある。グレアムは入手できる限りの財務データを集め、「葉巻の吸いさし」を吟味していった。グレアムの分析は、「成長性」や「経営力」、「技術革新」といった主観的な評価や予測が入る要素を排する。株価が一定の基準より高いか低いかという、単純な基準によって投資判断を下す。葉巻のたとえに戻れば、葉巻が美味しいかどうかではなく、価格に比べて吸える部分がどれだけ残されているのかを、物理的な基準で探るのが、グレアム流のバリュー投資である。

大恐慌の時代にあって、吸いさしのような株式は多く市場に打ち捨てられていた。

『新・賢明なる投資家─割安株の見つけ方とバリュー投資を成功させる方法』（上下巻）
ベンジャミン・グレアム、ジェイソン・ツバイク著／増沢和美・新美美葉・塩野未佳訳
（パンローリング／2005年刊）

その中から、「何ぷくかの余地のある」吸いさしを探し出し、拾い上げていったグレアム。その成果は驚くべきものだった。

グレアムが運用していたグレアム・ニーマン・コーポレーションは、1936年から の20年間で、平均で21%の運用利回りをたたき出した。また、40年に出版された『証券分析』の改訂版で割安として推奨された銘柄は、その後の8年間で250%以上もの値上がりを見せている。同じ時期のS&P工業株価指数値上がり幅の3倍という、極めて高い成績を収めた。

一度は株価大暴落で沈んだグレアム。その原因を探り、反省することで心機一転、株式投資にバリュー投資という科学的手法を持ち込み、大きな成功をつかみ取ったのである。

勝利の本質

株取引を「科学」に変えたイノベーション

株式市場の「冬の時代」に、グレアムが確立させたバリュー投資はイノベーションであった。

感情が生み出す暴走を防ぐ

グレアムは経験や直感に頼るという「非科学的投機術」を排除し、財務諸表を綿密に分析する「科学的投資術」を構築した。思惑による「投機」ではなく、データと理論に裏付けられた「投資」によって、株式市場で勝利を得ようとしたのだ。

今では当たり前の財務諸表分析だが、当時はほとんど行われていなかった。そもそも財務諸表の情報公開に明確なルールがなく、純利益だけを発表し、損益計算書も貸借対照表も公開しないという企業も珍しくなかったのだ。

こうした事情も手伝って、「当時のウォール街のプレーヤーにとって、無味乾燥な分析などに取り組むのはバカバカしいことであり、価格を変動させる決定的要因は全く別の要素であると考えられていた」と、グレアムは振り返る。

しかし、グレアムはこうした「ウォール街のプレーヤー」による株取引を「投機」と呼び、自らが実践する「投資」と明確に区別した。

「投資とは、詳細な分析に基づいたものであり、元本の安全性を守りつつ、かつ適正な収益を得るような行動を示す。この条件を満たさない売買を、投機的行動であるという」綿密なデータ分析に基づいた株取引こそが投資というわけだ。

投機は感情に左右されやすく、株価のオーバーシュートを生む。投機家たちは得てして、株価の上昇局面では強気な気分に支配されて過剰に買い進み、下降局面が訪れると、絶望と恐怖に支配されて売りまくる。株価の上昇は「チャンス」であり、逆に下落は「リスク」の増大と捉えている。この結果、株価の上昇局面では暴騰が、下降局面では暴落が起きて、オーバーシュートとなる。そして、いったん相場が冷え込めば、その低迷が長期間続いてしまうのだ。

逆に、このような人間の感情から株式市場を解放すれば、株価の暴騰も暴落も防ぐことができる。企業の内在的価値を冷静に評価する投資家の視点に立てば、株価の暴騰は「リスク」であり、暴落は「チャンス」となる。これによって、株価のオーバーシュートは回避され、株価低迷の長期化も防げる。

グレアムを師と仰ぐバフェットは、常に冷静に相場を見つめようとした。そのスタンスがとりわけ力を発揮するのが、株価が急落した時だ。株価が暴落して他の投資家が狼狽する中、バフェットは冷静に買いを入れてゆく。その一方で、株価が過熱したときには、深追いをせずに売りを増やしてゆく。グレアム直伝のバリュー投資によって、バフェットは株式市場で圧倒的なパフォーマンスを上げてきたのだ。

株式市場の雰囲気に飲み込まれることなく、上げ相場の局面でも下げ相場の局面でもチャンスを捉え、収益を上げる。これを可能にするのがバリュー投資であり、「投機」を「投資」に変えたイノベーションだったのだ。

凡人のための理論構築

投機の世界にも成功者はいる。ただし、投機で成功するためには、不断の努力に加えて、「天賦の何か」が必要だ。株価の動きを読み取る鋭い嗅覚や豊富な経験、そしてある種の幸運に恵まれるといったことがなければ、投機家として成功を続けることは困難だ。ジョセフ・ケネディやバーナード・バルークのように、独自の情報分析で株価の転換点を読み取ったり、ジェシー・リバモアのように「テスト」によって株価の変調を捉えたりするなど、特殊な才能や技能が必要になる。投機の成功は「天才」の領域にある。

これに対して、グレアムのバリュー投資は「凡人」のためのものだった。真面目にコツコツ財務諸表を分析すれば、投資で成功を重ねていくことができる。グレアムの大著『証券分析』は、そのための「マニュアル」であった。

グレアムの本を読んで「天から光が差してきた」と衝撃を受けたバフェットは、グレアムが教えるコロンビア大学大学院に進学し、グレアムが運営していた投資会社で働き、その投資術を徹底的に学んだ。やがて大投資家となったバフェットは、グレアムの名著『賢明なる投資家』（改訂版）に序文を寄せた。

「生涯を通じて投資で成功するためには、知能指数がずば抜けて高い必要もなければ、人並み外れた洞察力を持つことも、内部事情に通じている必要もありません」とした上で、「本書は（筆者注：投資で成功するための）適切なフレームワークを、分かりやすい形で正確に示してくれます」と紹介している。

ケネディもバルークもリバモアも天性の才能を存分に発揮して、株価大暴落を乗り切った。しかし、グレアムはこうした才能には恵まれずに大打撃を受けた。そのグレアムが再起を模索し、構築したのがバリュー投資だったのだ。

努力さえすれば、誰でも株式市場で成功できる。そのような理想を体現したのがバリュー投資であり、グレアムの「勝利の本質」となったのである。

1956年、62歳になったグレアムは、自身の投資会社を解散し、投資の世界から引退した。その後はカリフォルニアで悠々自適の生活を送り、１９７６年9月21日に82歳の生涯を終えている。

バリュー投資の極意が記された『証券分析』は、日本語版で９５０ページを超える大作だが、今なお投資理論の教科書として不動の地位を得ている。一般投資家向けに書かれた『賢明なる投資家』も、「割安株の見つけ方とバリュー投資を成功させる方法」という副題がつけられ、ロングセラーとなっている。

グレアムが株価大暴落に遭遇していなければ、バリュー投資は生まれず、大投資家バフェットも存在していなかったかもしれない。危機を克服するために生まれたバリュー投資は、株式市場におけるイノベーションであり、今も投資家たちの道しるべとして輝いているのである。

『証券分析』
ベンジャミン・グレアム、デビッド・L・ドッド著／関本博美・増沢和美訳
（パンローリング／2002年刊）

CASE 5

ジョン・M・テンプルトン
「バーゲン・ハンター」は悲観の極みを待った

「強気相場は悲観のなかで生まれ、懐疑のなかで育ち、楽観とともに成熟し、陶酔のなかで消えていく。悲観の極みは最高の買い時であり、楽観の極みは最高の売り時である」

2007年、大投資家ジョン・M・テンプルトンが、95歳の誕生日を目前に残した至言だ。

1929年10月から始まった株価大暴落と長期に及ぶ低迷、そして第二次世界大戦後の回復期から21世紀に至るまでの激動の日々を生き抜き、巨額の資産を築き上げたテンプルトン。簡潔で力強い言葉に、その投資哲学が凝縮されている。

「悲観の極みは最高の買い時」の一節に、テンプルトンの真骨頂がある。下げ相場における底値買い、いわゆる「バーゲン・ハンティング」が、テンプルトンの十八番だった。

テンプルトンの人生において、大恐慌は間違いなく画期であった。

名門イエール大学の2年生だった１９３１年のある日、テンプルトンは父にこう告げられた。

「何もかも失った。破産だよ。もうこれ以上教育費を出してやれない」

それはまさしく青天の霹靂《へきれき》だった。数日前、父親は「お前たちは一生働かなくてもすむ。お前たちだけじゃない、子供や孫もだ」といって、子供たちを喜ばせていたのだから。

大恐慌が深刻化する中、綿花の先物取引で勝負をかけた父親が、一度は大勝ちしたものの、その直後に大敗を喫してしまったのである。

天国から地獄へ。相場の恐ろしさを思い知らされたテンプルトンだったが、この経験が大きな糧となったという。「その時は悲劇のように思えたが、今となってみれば、起こり得る最高の出来事だった」と振り返るテンプルトン。ここから大投資家への道を、ゆっくりと、しかし着実に歩み始めることになるのである。

ジョン・Ｍ・テンプルトン（John Marks Templeton）は、１９１２年、テネシー州ウィ

『テンプルトン卿の流儀』
ローレン・C・テンプルトン、スコット・フィリップス著／鈴木敏昭訳
（パンローリング／2010年刊）

ンチェスターの小さな町に生まれた。「ジョンは11歳のときから金持ちになろうと決めていた」と兄が振り返るように、幼い頃から投資に強い興味を持っていた。その原点となったのが父親のハーベイだった。

ハーベイは弁護士業の傍ら、保険業や不動産業など様々な事業を手がけていた。山師的な性格の持ち主だったハーベイが、ことのほか好んだのが農場の買い付けだった。

1920年代のアメリカでは、農家の経営は厳しく、経営が破綻すると債権者によって農場が競売にかけられていた。ハーベイのオフィスの近くには、競売が実施される町の広場があり、ハーベイは2階からその様子をつぶさに見ることができた。そして、買い手が付かないと見るやいなや、オフィスを飛び出して広場に行き、農場を買い付けたのだ。売れ残りとなっていた農場の価格は、原価の数パーセントに過ぎなかったという。これこそがバーゲン・ハンティングであり、こうして手に入れた農場は、数十年後に商業施設や住宅地に生まれ変わり、ハーベイに少なからぬ利益をもたらしたという。

そうした父親の姿が、テンプルトンの原点となった。大恐慌下の株式市場では、同じことが起こっていた。十分な価値があるのに、誰も買おうとせず、打ち捨てられていた株式があった。「悲観の極みは最高の買い時」と、これらを果敢に買い付け、稀代のバーゲン・ハンターとなったテンプルトン。その手本となったのが父親のハーベイであったのだ。

私生活からバーゲン・ハンティング

大恐慌で父親が破産し、学費の援助が打ち切られたテンプルトンは、奨学金とアルバイト、さらには得意のポーカーなどで、必死に学費を捻り出す。しかし、お金を預けていた銀行が金融不安に巻き込まれて倒産するなど、大恐慌の荒波を受けて悲哀をたっぷり味わうことになる。

それでも何とか大学を卒業し、奨学金を得てイギリスのオックスフォード大学へ留学するチャンスを得た。2年7カ月の留学期間中に日本を含む世界35カ国を見て回り、ドイツではベルリン・オリンピックを観戦したというテンプルトン。国際的な視野を持つというこの時の経験が、後の投資活動に大きく寄与することになる。

帰国したテンプルトンは投資家を志し、ニューヨークの証券会社に入社、投資相談部で働き始める。それと同時に、証券分析の基礎を学ぶべく、「バリュー投資の父」ベンジャミン・グレアム（Ｃａｓｅ４）の教えを受けた。

『株の天才たち―バフェット、グレアム、フィッシャー、プライス、テンプルトンから学ぶ』
ニッキー・ロス著／木村規子訳
（パンローリング／2005年刊）

しかし、テンプルトンはすぐに投資家として動き出すことはなかった。株式市場は引き続き低迷を続けていて、大恐慌の出口も見えていなかった。テンプルトンはこうした状況を慎重に見守り、チャンスをうかがう日々を送り続けたのだ。

その一方でテンプルトンは、私生活でバーゲン・ハンティングの「訓練」をしていた。

自宅も家具も、格安で購入するのを旨とし、新聞に掲載されるオークション情報をくまなくチェックして出物を探した。大恐慌が続く中、破産した人の家財道具が格安で売りに出されていたが、買い手が付かずに放置されているものも多かった。これを活用したテンプルトンは、普通に買えば200ドルはするソファを5ドルで手に入れるなどして、家具一式を総額25ドル（現在の貨幣価値で350ドルほど）で整えたという。購入した新居は5000ドルと、こちらも格安だった。5年後、これらをまとめて手放したときの価格は1万7000ドル。1万ドルを超える売却益を得た計算で、5年間のリターンは年複利約28％になる。

レストランでも、お値打ちの「特別コース」を欠かさずチェックし、ゲーム感覚でバーゲン・ハンティングを楽しんでいたようだ。

「想定される価格の8割引で売られていなければ、掘り出し物とはいえない」と語っていたテンプルトン。何を買うにも情報収集を怠らず、手間暇かけて分析した。父親の姿に学び、私生活でバーゲン・ハンティングの腕を磨いたテンプルトンは、満を持して株式市場に打って出たのである。

株価１ドル以下の株式を全部買え！

テンプルトンが投資家として、株式市場に本格参戦したのは１９３９年のことだった。暗黒の木曜日から10年が経過していたが、アメリカ経済は大恐慌から抜け出せず、一度は回復するかに見えた株価も、また下落に転じていた。そこに飛び込んできたのが、第二次世界大戦勃発のニュースだった。

株式市場のみならず、アメリカ全体が悲観的な気分に覆われる中、テンプルトンは動き出した。ヨーロッパで戦争が始まれば、アメリカで物不足が発生し、景気が回復する。その結果、株価も上昇に転じると考えたのだ。「悲観の中で生まれる強気相場」を、確信したのである。

証券会社の店頭に現れたテンプルトンは、「株価が1ドル以下の銘柄を１００ドル分ずつ買いたい」という注文を出した。証券会社の店員は面食らっただろうし、面倒

『マネーマスターズ列伝─大投資家たちはこうして生まれた』
ジョン・トレイン著／坐古義之、臼杵元春訳
（日本経済新聞出版／2001年刊）

くさい客だとも思っただろう。購入したのは104銘柄で、その中には破綻状態の企業も37社あった。投資資金の1万ドルは借金して調達と、マイナスからのスタートであった。

テンプルトンの第一歩は見事な成功を収めた。悲観的な世の空気とは裏腹に、経済は戦争需要で大恐慌からの脱出過程に入り、株価も上昇に転じてゆく。

この結果、投資した1万ドルは4年後には4倍、現在の貨幣価値で100万ドルに膨れ上がった。破綻状態にあった企業のうち、実際に株が紙くずになったのは4社のみ。懐疑の中で強気相場は着実に育っていったのである。

成功の一例が、ミズーリ・パシフィック株だ。購入時点で会社は破産状態で、額面価格100ドルの株価は0・125ドルに過ぎなかった。ところが、テンプルトンが購入した後、株価は3900%も上昇して5ドル台に達したという。

鉄道会社は他にもあり、業績が良い会社も少なからず存在していた。しかしテンプルトンは、より大きな値上がり益を狙うために、敢えて破産状態にあるミズーリ・パシフィック株を選んだのだ。

「割安」でなく、「最も割安」を！

テンプルトンは、割安株を探すというグレアムのバリュー投資を、極端な形で実行に移した。「割安な株」を買うだけでは満足せず、「最も割安な株」を買おうとしたのだった。株式市場が低迷を続ける中、投資家から見放されていた「バーゲン銘柄」に絞って投資をした結果、極めて大きな値上がり益を得ることができた。この成功をきっかけに、テンプルトンは大投資家への道を邁進《まいしん》してゆくのである。

「株価1ドル以下」という投資基準はいかにも大雑把だが、それは最初だけだった。その後は、財務状況をはじめとした投資対象のファンダメンタルズを調べた上で、単に割安な銘柄ではなく、最も割安な銘柄を狙って投資してゆくのである。

その一方で、期待通りに株価が上昇して割安感が薄れると、テンプルトンは迷わず売却して、別のバーゲン銘柄に切り替えていった。

後年の言葉の通り、「楽観とともに成熟した強気相場」を見たテンプルトンは、「陶酔の中で消える」前に、「楽観の極み」にある価格で売り払っていったのだった。

もちろん、最も割安な株式は、紙くずになるリスクが最も高い株式でもある。そこでテンプルトンは、分散投資を旨とした。これによって、万一、投資先が破綻した場

『世界で最も読まれている株の名著10選』
西野武彦著
（日経ビジネス人文庫／2013年刊）

合でも、損失を抑え込むのである。

1940年から個人投資家向けの資産運用業務を始めたテンプルトンは、54年に「テンプルトン・グロース・ファンド」を設立した。ファンドの運用成績は驚異的だった。ファンド開設時に投資した1万ドルは、92年には200万ドル以上になる計算だったという。

その名声は全米に広がり、「歴史上最も成功したマネーマネージャーの一人」「正真正銘のウォール街のヒーロー」などと賞賛されるようになったテンプルトン。大恐慌という焼け跡で放置されていた株式を拾い集めるバーゲン・ハンティングに徹したことで、テンプルトンは大きな成功を収めることができたのである。

バーゲン・ハンティングの舞台は全世界へ

しかし、テンプルトン流のバーゲン・ハンティングには限界があった。アメリカ経済はやがて大恐慌を克服し、株式市場も活気を取り戻してゆく。となれば割安な株は減り、必然的にバーゲン・ハンティングのチャンスは減少する。

テンプルトンの目は、海外の株式市場に向けられた。グローバル投資である。アメリカからは消えてしまったバーゲン・ハンティングのチャンスが、海外には残されていたのだ。

テンプルトンが最初に注目したのが日本だった。テンプルトンが日本株を買い始めたのは１９５０年代初めのこと。敗戦の痛手からは立ち直り始めていたが、日本の経済基盤はまだ脆弱だった。安い労働力で粗悪な製品を作っているような日本など、投資の対象にはならないと、ほとんどの投資家は考えていた。しかも、当時は厳しい資本規制があった。外国人投資家は、投資はできても資金を持ち帰れなかった。日本株への投資は「片道切符」だったのである。

それでもテンプルトンは、日本株への投資を始めた。イギリス留学の帰途で日本を訪問していたテンプルトンは、太平洋戦争後にも日本を訪れていた。その経験から、日本人が倹約精神に根ざした高い労働倫理を持ち、工業国としていち早く復興すると確信していた。日本に新たなバーゲン・ハンティングのチャンスを見いだしたテンプルトンは、英語を話せる日本人ブローカーを探し出して、株式を買い付けていく。

この戦略が成功を収めたのは言うまでもない。１９６０年代初頭、日本経済は平均して年率10％の経済成長を達成したのに対して、アメリカは４％の成長に過ぎなかった。その一方で、日本の株式はアメリカより8割も安かったという。

現代ではごく当たり前のものとなったグローバル投資に、先鞭を付けたのがテンプルトンだった。ためらうことなく、世界の株式市場に打って出ることができたのは、若き日に世界35カ国を回り、「土地勘」をつかんでいたからであろう。「グローバル投資の長」としても賞賛されたテンプルトン。その偉業は、大恐慌を「悲劇」ではなく「起こり得る最高の出来事」に変えただけではなかった。十八番のバーゲン・ハンティングに陰りが見えたことすら、新しい手法を導入するチャンスに転じ、世界へと羽ばたいていったのであった。

勝利の本質

投資手法の開拓者

テンプルトンは株式投資に2つの新しい手法を、それぞれ最適なタイミングで持ち込んだ。その2つとは、もちろん「バーゲン・ハンティング」と「グローバル投資」だが、ここでは、個別の手法の奥にある極意を探ってみよう。

「悲観の極み」で行動に出る

「バーゲン・ハンティング」の妙は、株式市場のパニックを儲けのチャンスに変えることにある。そのテクニックにおいて、テンプルトンは天才的だった。

孫娘で投資家でもあるローレン・テンプルトンが、夫のスコット・フィリップスと著した『テンプルトン卿の流儀』には、テンプルトン流のバーゲン・ハンティングのコツがまとめられている。

「パニックや危機の時の投げ売りでは、バーゲンハンターが望むあらゆる市場の現象が短期間に凝縮される。パニックや危機に直面した売り手はすっかり取り乱してしまうため、バーゲン銘柄を拾う絶好のチャンスが到来する。皆が出口に殺到しているときに、じっと席に座っている胆力があれば、バーゲン銘柄は自然に手元に転がり込んでくる。歴史を振り返ると、危機は必ず最初に最悪の印象を与えるものであり、どんなパニックも時間とともに沈静化する。パニックが沈静化すれば、株価は上昇に向かう」

「原因となる出来事が何であろうと、ネガティブサプライズをきっかけに市場が一斉に売りに走ったときは、バーゲンハンターは皆が売りたがっている株を買うことを考えなくてはならない」というテンプルトン。そのやり方を「売り手に快く応じてあげる」と表現している。

しかし、市場がパニックになっている中で、超然とした態度を取ることは容易ではない。また、そうした状況では、自らが保有している資産も損失を計上している場合が大半であり、買いに回るどころか、慌てて売りに回ってしまうものだ。しかし、テンプルトンは、こうした局面でも冷徹に動けという。その行動原理も『テンプルトンの流儀』に記されている。

「ウォール街に血が流れているときこそ最高の買い時ということだ。たとえ自分の血が混じっていてもこの原則は変わらない。自分の利益縮小や損失拡大に目をやっている暇はない。市場の大勢に足並みをそろえて防御に走ってはならない。逆に、目の前に現れるバーゲン銘柄を見つけるために攻撃の任務を続行しなければならない。投資の目的は長期リターンを増やすことであり、売りに走ることではない」

バーゲン・ハンティングを遂行するには、準備も必要だ。テンプルトンは「候補リスト」を作成していた。このリストには、経営状況は良いものの、株価も高すぎると判断される銘柄が並び、その銘柄を「割安に買えた」と評価するにふさわしい「目標株価」が付されていた。テンプルトンは、目標株価で「指し値注文」を出し、推移を見守ることもあった。

バーゲン・ハンティングのメリットを頭で理解していたとしても、現実に市場が悲観に襲われているような状況で、冷静に買い向かうことは容易ではない。しかし、「目標株価」を事前に設定した上で、指し値注文も出しておけば、そのプレッシャーに負けるリスクは低減する。

「バーゲン・ハンティングから生み出されるリターンは株価を襲った悲観の量に反比例する」と語ったテンプルトン。悲観的な見方が強ければ強いほど、大きな利益が期待できる。だからこそ楽観を失わないメンタルが問われる。

テンプルトンが株式市場でバーゲン・ハンティングを実行に移したのは、１９３９年。暗黒の木曜日から10年が経っていた。悲観の量が最大になるのはパニックの最中とは限らない。不況の出口が見えない停滞した状況においても、悲観の度合いは最大になり得る。このタイミングで勝負に出たことで、テンプルトンは大きなリターンを得たのである。

「悲観」と「楽観」の転換点を探す

テンプルトン流の投資術の成否は、相場の転換点を探り当てることにかかっている。第二次世界大戦が勃発したとき、テンプルトンはすぐさま証券会社に向かい、株価が1ドル以下の株式をまとめて買った。

一般的には、戦争は株価にマイナスに作用する。しかし、テンプルトンはこのとき、この戦争は株価にプラスに働くと、真逆の判断を下した。

アメリカは当時、依然として大恐慌から抜け出せずにいたが、その背景には需要不足があった。将来に対する不安が根強く、消費需要も設備投資需要も落ち込んだままだったのだ。しかし、第二次世界大戦は間違いなく軍需をもたらす。ゆえにアメリカもようやく大恐慌から抜け出し、株価も上昇に転じると確信し、テンプルトンは大胆な買いに打って出て成功した。

このタイミングが極めて重要である。買い始めるのが、これより前であっても、後であっても底値を逃し、大きな利益を上げることはできなかったはずだ。悲観の中から強気相場が立ち上がる瞬間を、鮮やかに捉えたのが勝因だった。

テンプルトンは、株価が下落に転じるタイミングも見事に読み取った。

アメリカ経済が大恐慌から立ち直り、バーゲン・ハンティングのチャンスが減る中、海外市場に活路を見いだしたテンプルトン。1950年代から日本株に投資をしていたが、その撤退も驚くほど早かった。日本がバブル経済に突入する遥か前、70年代から売りに転じ、81年の時点で、その大半を引き上げている。かつてはポートフォリオの6割を占めていた日本株の比率は2%以下にまで縮小していたという。

その理由は日本の株価が、その実力に見合った水準にまで上昇し、バーゲン価格ではなくなっていたから。目的を達成したテンプルトンは日本株を売却して、新たなバーゲン・ハンティングを始めた。目を向けたのがカナダやオーストラリア、そしてアメリカの株式市場で、上昇していた日本に比べて、遥かに魅力的だったというのである。

1980年代後半の株価バブルを考えれば早すぎるタイミングだが、これがテンプルトンの流儀だった。テンプルトンは、過小評価されている株を買って、上昇するまで待つのが「投資」だと考えていた。そして、実力以上に評価されるようになった株に執着するのは「投機」であり、避けるべきだというわけだ。

その後、バブルの状態に入った日本の株式市場を、テンプルトンは冷めた目で見ていた。「日本株は半値以下まで下げてもおかしくない」と語ったのは、バブルが頂点を迎えようとしていた1988年のこと。

テンプルトンは株価の上昇局面でも冷静だった。株価の下落局面と同様に、上昇局面で投資家が冷静さを失っていると見るや、すかさず売りに回った。「悲観の極み」のみならず、「楽観の極み」においても素早い行動に出て、勝利を収めた。そして、すぐに新たなバーゲン・ハンティングのチャンスを見つけて、勝利を手にしていった。

1985年のアルゼンチンの株式市場暴落の際には買いに回り、7割もの値上がり益を手に入れた。97年のアジア経済危機でも、暴落した韓国株式などを取得し、莫大な利益を上げている。

「悲観」と「楽観」の転換点に神経を集中し、探り当てる。この1点における成功が、バーゲン・ハンティングでもグローバル投資でも、テンプルトンの勝利を支えていたのである。

2008年7月8日、テンプルトンは95歳の生涯を終えた。晩年は投資の第一線から退き、社会貢献活動に注力。イギリス王室から〝サー〟の称号を受けた。テンプルトン財団から贈られるテンプルトン賞は、思想家や宗教家などに贈られる「宗教界のノーベル賞」ともいわれる権威を持ち、賞金額もノーベル賞を上回るように設定されているという。

テンプルトンが築き上げた資産運用事業は、フランクリン・テンプルトンに引き継がれた。2021年時点での運用資産は1・5兆ドル、世界160カ国に1200人を超える投資のプロたちが活躍する、世界屈指の規模と実績をもつ投資集団となっている。

亡くなる直前の08年に出版された『テンプルトン卿の流儀』は、テンプルトンの卓越した投資術を伝えるものとして、今も多くの投資家に読み継がれている。テンプルトンが打ち出したバーゲン・ハンティングとグローバル投資の流儀は、現代の金融界でも変わらぬ輝きを放っているのである。

＊＊＊

暗黒の木曜日に始まる株価大暴落に立ち向かった5人をここまで紹介してきた。

ジョセフ・ケネディとバーナード・バルーク、そしてジェシー・リバモアは、「予知型」の相場師であった。それぞれのやり方で株式市場の転換点を読み、いち早く撤退をすることで勝利を収めた。

ただし、リバモアの結末は悲惨なものとなった。私生活のトラブルなどもあったが、ケネディやバルークと異なり、暗黒の木曜日を乗り切った後も、株取引の世界にとどまったことが関係しているように思える。

暗黒の木曜日を画期として、株式市場の様相は一変し、経験や直感に重きを置く従来型の相場師では、歯が立たなくなっていた。もし、ケネディとバルークが、暗黒の木曜日以降も株式市場にとどまっていれば、リバモアと同じ運命を辿っていたかもしれない。

相場の世界の激変に対応するには、イノベーションが必要であった。

そこで生み出されたのが、ベンジャミン・グレアムの「バリュー投資」。さらにジョン・テンプルトンが「バーゲン・ハンティング」と「グローバル投資」の手法を開拓し、株式投資の世界に新しい地平を切り拓いた。

株価が10分の1になるような大暴落と長期に及ぶ低迷は、あの大恐慌以降、起こっていない。ブラックマンデーもリーマンショックも、比較にならないほど軽微で短期なものにとどまっている。しかし、株式市場に大きなパニックがもう二度と起こらないとは考えられない。この先、何か未曾有の事態が起き、投資家たちを翻弄する日が来たとき、どうすればよいのか。

過去の偉大な投資家たちの手法を真似ることに、おそらく意味はない。危機に直面したときに、彼らがいかに戦ったかというプロセスを振り返ることにこそ、学びがあるはずだ。目の前にある市場の現実に全神経を集中する。いかなる危機的な状況にも、必ず克服の道が残されているという強い信念を持つ。その上で考えつく限りの手段を試し続ける。大恐慌期の過酷を極めた株式相場を勝ち抜いた5人の記録には、そんな共通点が見いだせるのである。

COLUMN 1

奇才ウィリアム・ギャンの〝オカルト〟的予言

「私は暗黒の木曜日を予知していた」――こう主張した相場師は当時、少なからずいた。しかし、その大半が後付けの自己申告であり、とても信用できたものではない。

こうしたなかで、間違いなく「暗黒の木曜日を予知していた」といえるのがウィリアム・D・ギャンだ。1928年末、すでに株式市場における著名人であったギャンは、翌年の相場見通しを発表した。ここで「29年9月3日をもって大相場は終わる」とした。

「9月にこの年で最も急激な下落のひとつが起こり、投資家は自信を失い、いっせいに市場から撤退しようとするがもう手遅れであろう。嵐が穀物をなぎ倒し、経済界に暗雲が漂います。株を持っていたらすぐに売ってください。富のピラミッドがまさに崩れ去ろうとしているのです」

実際に株価大暴落が起きたのは、29年10月。大半の投資家が株価上昇を予想していたなかで暴落を予言し、タイミングこそわずかにずれたものの、わずか1カ月だけ。驚くべき予測精度といえるだろう。

テクニカル分析の創始者

ウィリアム・D・ギャン（William Delbert Gann）は、1878年6月6日にテキサス州の綿花栽培農家に生まれた。体が弱かったことから、農家を継げなかったギャンは、綿花問屋で働き始める。ここで綿花の先物取引を覚えたことをきっかけに、相場の世界へ入っていった。やがて株取引も始め、1906年に28歳で独立し、相場師として大きな成功を収める。

相場の動きを物理的に捉える「テクニカル分析」。ギャンはその創始者の一人とされる。テクニカル分析とは、過去の相場の値動きをチャート（罫線表）で表現して、トレンドやパターンを見出し、今後の相場の値動きを予測するという手法だ。

「もし正確なデータをつかみ、そのサイクルがわかれば、1年や2年先を予見するのと同様、100年先、1000年先でも予見することができます」と語ったギャン。その言葉通り、データ収集に並々ならぬ精力を注いだ。ニューヨークの図書館や博物館に9カ月間も通いつめ、小麦相場のチャートを1200年代にまで遡って作成したり、1820年代からの証券取引データを調べたりしたこともあれば、大英博物館に何カ月も籠もって相場分析をしたことも。こうした研究から、相場の動きには「振動の法則」（the Law of

Vibration）があることを発見したというのだ。

ギャンは、相場のサイクルを次のように分類した。

● 超長期サイクル：60年、30年など年単位のサイクル
● 長期サイクル：50カ月、40カ月など月単位のサイクル
● 中期サイクル：30週、20週など週単位のサイクル
● 短期サイクル：40日、20日など日単位のサイクル……など。

これらを独自の方法で組み合わせ、チャート化したギャン。これによって相場が最高値、最安値をつけるタイミング、さらにそのときの価格水準まで予測できるというのだ。

ギャンは「ギャン・スクエア」（カーディナル・マップ）という、独創的なチャートを編み出した（左図）。数字の1を中心に、らせん状に数字を並べたチャートであり、魔方陣のようにも見える。この不思議なチャートこそが、相場の大きな動きの中に潜む「自然の摂理」を示しており、中心を通る縦と横のライン上の数字が、相場が最高値、最安値をつける時期と、その水準を示しているというのが、ギャンの主張であった。

「相場は時間と価格の関数である。したがって相場のトレンドは計算することが可能であ

■ギャン・スクエア（カーディナル・マップ）

380	307	308	309	310	311	312	313	314	315	316	317	318	319	320	321	322	323	324	325
379	306	241	242	243	244	245	246	247	248	249	250	251	252	253	254	255	256	257	326
378	305	240	183	184	185	186	187	188	189	190	191	192	193	194	195	196	197	258	327
377	304	239	182	133	134	135	136	137	138	139	140	141	142	143	144	145	198	259	328
376	303	238	181	132	91	92	93	94	95	96	97	98	99	100	101	146	199	260	329
375	302	237	180	131	90	57	58	59	60	61	62	63	64	65	102	147	200	261	330
374	301	236	179	130	89	56	31	32	33	34	35	36	37	66	103	148	201	262	331
373	300	235	178	129	88	55	30	13	14	15	16	17	38	67	104	149	202	263	332
372	299	234	177	128	87	54	29	12	3	4	5	18	39	68	105	150	203	264	333
371	298	233	176	127	86	53	28	11	2	1	6	19	40	69	106	151	204	265	334
370	297	232	175	126	85	52	27	10	9	8	7	20	41	70	107	152	205	266	335
369	296	231	174	125	84	51	26	25	24	23	22	21	42	71	108	153	206	267	336
368	295	230	173	124	83	50	49	48	47	46	45	44	43	72	109	154	207	268	337
367	294	229	172	123	82	81	80	79	78	77	76	75	74	73	110	155	208	269	338
366	293	228	171	122	121	120	119	118	117	116	115	114	113	112	111	156	209	270	339
365	292	227	170	169	168	167	166	165	164	163	162	161	160	159	158	157	210	271	340
364	291	226	225	224	223	222	221	220	219	218	217	216	215	214	213	212	211	272	341
363	290	289	288	287	286	285	284	283	282	281	280	279	278	277	276	275	274	273	342
362	361	360	359	358	357	356	355	354	353	352	351	350	349	348	347	346	345	344	343

中心を通る縦と横のライン上の数字が、相場の最高値、最安値をつける時期と、その水準を示していると、ギャンは主張した。斜めのライン上にある数字も、これに準じる重要性を持つという

る」としたギャンは、暗黒の木曜日を予言しただけでなく、その後の動きも的中させている。ダウ平均株価が大底を打つのは1932年7月8日のことだが、ギャンはその前年に「株式市場は3月に大底を打つ」と宣言し、32年6月には「これ以上の下落はない」として、買いを推奨した。

しかも、ギャンは株式相場だけでなく、小麦や綿花などの商品相場でも、暴落や暴騰を幾度となく予言し、的中させているのである。

しかし、ここにたどり着くまでの道のりは、長く険しかった。投機を始めてからのおよそ20年間で、ギャンは取引に失敗して無一文になったことが40回以上もあったという。試行錯誤を経て、相場予測の精度を高めていったわけだ。

こうしてギャンは、1933年、株式市場や商品市場で累計479回の取引を行って422勝57敗、運用利回りは年率4000％という、驚異的な戦績を残すまでになった。

第二次世界大戦後も投資を続けたギャンは、1955年6月、77歳で生涯を終えた。亡くなる直前の5年間の勝率も9割以上だったという。ギャンは死の直前まで投資術に磨きをかけるだけでなく、多くの投資術の本を刊行したり、セミナーを開催したりして、一般投資家に向けた啓蒙活動にも力を入れた。

オカルト的な予測精度に信奉者多し

相場のみならず、第一次世界大戦の終結や第二次世界大戦の勃発、大統領選挙の結果も予言したギャンは、聖書の言葉や占星術にも学んだという。どこか「ノストラダムスの大予言」を彷彿とさせるようなところもあり、オカルトめいてもいる。しかし、その独創的なチャートや相場予測のテクニックは、今も投資家の間で広く使われている。筆者も銀行で為替ディーラーをしていた1980年代、ギャン・スクエアをよく参考にしたものだが、不思議なくらいによく当たったことを覚えている。

もし、ギャンが今も生きていれば、ブラックマンデーやリーマンショック、コロナショックなどを予言したのだろうか。歴史に「もしも」はないので、結論は出ないが、いずれにせよ、暗黒の木曜日を予言したギャンの相場術は、今も多くの信奉者を持っている。1993年に刊行された『株価の真実・ウォール街 株の選択 ── W・D・ギャン著作集』（日本経済新聞社）は、2021年5月現在、絶版となった古書がネット上で1万を優に超える高値で取引されている。

参考文献

『実践ギャン・トレーディング —— 相場はこうして読む』ジェームズ・ハイアーチェク著／日本テクニカルアナリスト協会訳（日本経済新聞社／2001年刊）
『ギャン理論——すべての現象の中にルールがある』ジョージ・マクロークリン著／青柳孝直訳（総合法令／1996年刊）
『ギャンの相場理論』林康史編著（日本経済新聞社／1996年刊）

第2章

［事業編］

恐怖とキャッシュをコントロールせよ

INTRO-DUCTION
［序論］

ニューヨークの街角に「リンゴ売り」が繰り出した

「黄金の20年代」と呼ばれる好景気を謳歌してきたアメリカ経済は、1929年10月の株価暴落をきっかけに、奈落へと転落していった。

景気の悪化は凄まじいものだった。1929年に1044億ドルだった国民総生産（GNP）は、33年には560億ドルとほぼ半減してしまう。設備投資の落ち込みも急激で、29年には160億ドルだった国内総投資が、33年には10億ドルと16分の1になってしまった。物価の下落も激しかった。卸売物価指数（1929年＝100）は29年の136・3から32年には92・7と32％も暴落し、深刻なデフレに陥った。金融システムは崩壊し、21年には2万9000行あった銀行のうち1万2000行が、33年3月末までに業務停止に追い込まれることになる。

とりわけ深刻だったのが失業問題だ。景気の悪化を受けて、企業は一斉に人員削減に走った。アメリカを代表する大企業U・S・スティールでは、1929年に22万人余りいたフルタイム労働者が、１９３３年にはゼロになった。残っていたのはパートタイム労働者だけで、その数も１９２９年のフルタイム就業者数の約半数に過ぎなかったという。

１９３２年の調査によると、フル稼働態勢で操業をしている企業は26％未満で、全労働者の56％がパートタイムで働かざるを得なくなっていたという。

１９３３年の失業率は24・９％と、４人に１人が職を失っていた。しかし、この数字は農業部門を含めての数字であり、これを除くと失業率は40％近かったとされる。

ホームレスは計画経済を夢見る

ニューヨークをはじめとした大都市に現れたのが、大勢の「リンゴ売り」だ。大恐慌で売れ行きが激減したリンゴ出荷協会は、失業者にリンゴを売ってもらうことを思いついた。１箱を完売できれば、手許に１・８５ドルの純益が残るというもので、ニューヨークだけでも６０００人のリンゴ売りが街に繰り出した。当初は物珍しさや同情心からまずまずの売れ行きだったが、わずか数カ月で失速してしまったという。

仕事も住まいも失った人々は、空き地に箱や鉄くずを使って掘立小屋を建てて、

『大恐慌』
ベルナール・ガジエ著／町田実・小野崎晶裕訳
（白水社／1985年刊）

住み始めた。こうしてニューヨーク・ブルックリンの一角にできた「村」が「フーヴァー・シティ」、時の大統領フーヴァーへの批判を込めてこう呼ばれた。食べるものに窮した人びとは、残飯をあさり始める。シカゴではレストランの裏口に捨てられていた残飯を巡って、50人が争奪戦を繰り広げる騒動に発展したという。

33年の調査によると、全米809の都市で何らかの生活支援を受けている人の数は37万人とされた。しかし、現実には何らの支援も受けられず、橋の下や壊れた建物で過ごしている人も多くいて、それらを加えたホームレスの総数は122万人以上と推計されている。女性のホームレスも約4万5000人いたという。

人々はアメリカに絶望していた。1931年10月、「熟練労働者6000人」という求人が出された。募集したのはソ連の貿易会社だったが、10万人の応募が殺到したという。アメリカの将来を悲観した人々にとって、スターリンの下で計画経済を推し進めるソ連は「夢の国」に見えたのだろう。

人々が弱気で恐慌は勢いづく

大恐慌は「黄金の20年代」に浮かれていたアメリカに、突如として現れた怪物であった。強大で容赦ないその振る舞いに、人々は恐れおののき、ある者は逃げ惑い、ある者は息を潜めた。しかし、人々が弱気になればなるほど大恐慌は力を増し、ドアを蹴破るかのごとく平穏な日々に侵入してきた。

しかし、怪物に怯《おび》えることなく、戦いを挑んだ者たちがいた。コンラッド・ヒルトンは、破産から再起して「ホテル王」となった（Case6）。ポール・ゲティは、周囲の反対を押し切って拡大戦略を展開し、「石油王」となった（Case7）。２人を勝利に導いたのは「バーゲン・ハンティング」、資産価値の暴落を利用することで事業を拡大させ、危機をチャンスに変えたのだ。

大恐慌が最悪期を迎えていた時、ひたすら映画作りに打ちこんでいたのがデビッド・セルズニックとウォルト・ディズニー。誰もが守りに回る中で、革新的な大作に制作費を投じた２人は、驚くほど大きな勝利をつかみ取った（Case8）。

流通小売企業シアーズ・ローバックを率いていたロバート・ウッドは、大恐慌をものともしなかった。社会・経済の大きな潮流をつかんでいたウッドにとって、大恐慌は取るに足らない小さな変化だったのだ（Case9）。

大恐慌という怪物と格闘して勝利した事業家たち。その戦歴を振り返りながら、危機をチャンスに変える秘訣を探ってゆこう。

『大恐慌 ― 1929年の記録』
D・A・シャノン著／玉野井芳郎、清水知久訳
（中公新書／1963年刊）

CASE
6

コンラッド・N・ヒルトン
「ホテル王」はすべてを失い、再起した

コンラッド・N・ヒルトンは、誰もが知るヒルトン・ホテルチェーンを一代で築き上げた伝説の「ホテル王」だ。その名前を聞くと、お騒がせセレブとして話題を振りまくパリスとニッキーの「ヒルトン姉妹」が思い浮かぶ人もいるだろうが、2人はコンラッド・ヒルトンの曾孫にあたる。長男コンラッド・N・ヒルトン・ジュニアも、17歳だった女優のエリザベス・テーラーを見初めて結婚するも、わずか7カ月で離婚するなど、芸能ゴシップを騒がせたプレイボーイだった。

そんな子孫たちの華やかで自由奔放な生活とは対照的に、ヒルトンの人生は苦難の連続だった。大恐慌に巻き込まれたヒルトンは、経営していた8つのホテルすべてを瞬く間に失い、破産してしまったのだ。

「あの1930年代の大恐慌が、私の生涯をかけた事業を、いくらかの成功の小山の上から、借金、屈辱、そして抵当の底なし地獄へと突き落としたのだった」と、ヒ

ルトンは後に自伝に記した。

しかし、ヒルトンは諦めなかった。不屈の精神で再起し、地獄の底から世界に冠たる高級ホテルチェーンを築き上げてゆくのである。

スタートは家族経営の小さなホテル

コンラッド・N・ヒルトン（Conrad Nicholson Hilton）は、1887年12月25日、ノルウェー移民の長男として、現在のニューメキシコ州サン・アントニオに生まれた。ヒルトンが19歳の時、父親が営んでいた雑貨業が破綻、一家は生活を維持するため事務所を兼ねていた自宅でホテルを始める。

ダートマス大学に入学を予定していたヒルトンも、進学を諦めてホテルを手伝うことになった。駅に列車が到着すると、弟と共に客の呼び込みに向かい、宿泊客へモーニング・コールをするなど懸命に働いた。ホテルの食事は母親が作り、妹たちも手伝うという、家族ぐるみのホテル経営となったのだ。

このホテルを後年、「私の最初のホテル」と呼んだヒルトン。「これが、私がホテル業に足をふみ入れるきっかけでもあった」と振り返る。手探りで始めたホテル業だっ

『ホテル王の告白―ヒルトン自伝』
C・ヒルトン著／広瀬英彦訳
（河出書房新社／1969年刊）

たが経営は順調で、一家は危機を脱することできた。経済的な余裕ができたことから、ヒルトンは地元の鉱山学校に進学する。その後は州議会議員になったり、銀行を設立したり、軍隊に入ったりと様々な経験を積んでゆく。

ヒルトンが、ホテル業に「戻った」のは偶然の出来事がきっかけだった。1919年、31歳になっていたヒルトンは、テキサス州のシスコという町を訪れた。長旅で疲れ果てた体を休ませようと、駅前に見つけた「モーブリー・ホテル」に宿を取ろうとしたヒルトン。質素な2階建てのホテルだったが、折からの油田開発ブームに沸く地域とあって、満室だった。

しかし、ホテルのオーナーは不満げだった。「皆が石油で大儲けしている時に、こんなホテルに縛り付けられて大迷惑です。早く誰かに売り払って、石油掘りに出かけたいものです。一夜で百万長者になれるという時代に、こんなホテルなんて馬鹿馬鹿しい限りです」と嘆いていた。

ヒルトンは、家族総出でホテルを経営していた頃のことを思い出した。そして、モーブリー・ホテルの買い取りを決意する。売値は4万ドル、家族や友人から金を借り、足りない分はホテルを担保に銀行から借りることで何とか調達できた。ヒルトンは母親に電報を打った。「フロンティアを見つけた。ここの水は深い」と。この小さくて質素なホテルが、「ホテル王」の出発点となるのである。

合い言葉は「金を掘れ！」

モーブリー・ホテルを手に入れたヒルトンは、すぐさま改装に着手する。合い言葉は「Digging for gold」。「金を掘れ！」ということだ。

「金」とは何か。ヒルトンのいう「金」とはホテル内に潜む有効スペースのこと。「最大の収入を上げるために、あらゆる可能な空間を利用すること」が必要だというのだ。

ヒルトンはモーブリー・ホテルの食堂を閉鎖し、客室に改造することで収容人数を増やした。フロントを半分に縮小して売店を作り、新聞や煙草を売った。ロビーの植木鉢を撤去して作ったスペースは、テナントとして貸し出して土産物店となった。ヒルトンは、あらゆるスペースを「金」に換えていったのだ。

ヒルトンは従業員たちの「団結精神」を高めようともした。「君たちだけが、微笑みのサービスを行える人たちだ。きれいな部屋、チリのないホール、新鮮なスープとシーツ。モーブリー・ホテルの評判の90パーセントは、君たちの手の内にある」と訓示したヒルトン。それに成功すれば「君たちの仕事は安定し、収入もよくなり、賃金

『現代ホテル経営の基礎理論』
岡本伸之著
（柴田書店／1979年刊）

も上がる」と鼓舞した。

こうした取り組みによって、モーブリー・ホテルの利益は着実に、かつ急激に増えた。

ホテル経営に自信を深めたヒルトンは、積極的な買収戦略を展開してゆく。モーブリー・ホテルの次に買収したのがテキサス州フォートワースの「メルバ・ホテル」で、3カ月後には「オフィスの古めかしい金庫は金でいっぱいにふくれ上がり、はち切れそうになった」と、これまた大成功する。ホテルの買収を続けたヒルトンは4年後の1923年、5つのホテルに総計530室の客室を擁するまでになっていたのだ。

ヒルトン・ホテルの誕生

既存のホテルを買収し、リノベーションすることで大成功を収めていたヒルトン。だが、1つの「事件」をきっかけに方針転換をする。

買収して経営していたホテルの1室で、宿泊客が自殺したのだ。客室の古びた内装が、宿泊客を自殺に追い込んだ一因だとヒルトンは考えた。しかし、リノベーションでは、寂れたホテルの雰囲気を抜本的に変えるには限度があった。

ヒルトンは、古いホテルのリノベーションでは、自らが理想とするホテルは作れないと思い至り、ゼロから建設することを決断する。

1925年8月4日、37歳になっていたヒルトンは、モーブリー・ホテルなどを売却して資金を捻出し、初めて自らの名を冠した「ダラス・ヒルトン」を完成させた。

ホテルのコンセプトは「ミニマックス」、ミニマムの料金でマキシマムのサービスを提供しようというものだった。限られたスペースの中で客室数と収容人数を最大化するという、これまでのやり方と決別したヒルトン。家具や調度品も自分で納得できるまで選び抜くなど、細部まで注意を払って建設を進めていく。

ダラス・ヒルトンは大成功を収めた。自信を一層深めたヒルトンは「毎年1つずつ新しいホテルを建てる」という目標を立てたが、実際の建設は目標を上回るペースで進む。1928年までの4年間で、7つものホテルを建設したのであった。

ヒルトンは新たな夢を抱いた。それまでに手掛けたホテルの規模を大きく上回る、巨大ホテルの建設に着手したのだ。場所はテキサス州エル・パソ、19階建てで客室数は300、総工費は175万ドルというビッグプロジェクトだ。

しかし、これが悪夢となる。計画が発表されたのは1929年秋、「暗黒の木曜日」

『ヒルトン・ホテル―サービス産業の革新企業』
鳥羽欽一郎著
（東洋経済新報社／1971年刊）

のわずか19日前のことだった。

「その拡大が破滅の淵にさしかかっていることを、私に気付かせてくれるものは、何もなかった」というヒルトン。大恐慌の大波が、絶頂を迎えようとしていたヒルトンを、容赦なく飲み込んでゆくのである。

すべてを奪った大恐慌

1930年11月5日、ヒルトンが満を持して建設した「エル・パソ・ヒルトン」が完成した。株価大暴落から1年余り、ニューヨークを震源地として始まった大恐慌だが、アメリカ全土に広がるまでにはタイムラグがあった。エル・パソ・ヒルトンがあったテキサスには、この時点ではまだ、それほど大きな影響は現れていなかった。地元新聞は「完成披露パーティには1万5000人もの関係者が集まった」と伝え、200羽ものニワトリがテーブルに並べられ、華やかなダンスパーティも開かれたという。

しかし、これが最初で最後の宴となった。

「それは、ゆっくりとやってきた。しかし避けることはできなかった。それは、けわしい崖の上から急に飛び降りるようなものではなかった。それは、岩だらけの斜面を、体の自由を失ってドン、ドンとぶつかりながらころげ落ち、果ては傷だらけになって、息も絶えだえとなる、というものであった」と自伝に記したヒルトン。

「まず最初に起こったことは、ホテルの入りが減ったことである。人々は旅行をしなくなった。セールスマンは売りに歩かなくなった。失業者の数はどんどんふえていった」

「1週間、1週間と収入は減っていった。しかし、操業のコストは、その間ずっと同じであった」

「コストを減らすために、あれやこれやの方法に飛びついてみた。例えば、電気代と暖房費を減らすために、1フロアーを閉鎖してみた。また、各部屋の電話をはずして、15セントずつを節約した」

しかし、こうした対策は焼け石に水だった。

「エルパソ・ヒルトンの開店の日以来、私は一歩ずつ破産に近づいていった」

「まず、われわれの貯金がなくなってしまった」

「私は自分の資金を使い果たし、私の保険を担保に金を借りた」

『ヒルトン家の華麗なる一族』（上下巻）
ジェリー・オッペンハイマー著／由良章子訳
（アスペクト／2007年刊）

「ある朝、私がツケのきくガソリンスタンドに行って、満タンにしてくれと頼んだとき、当惑したような顔の係員が、遠慮がちに切り出した。『ヒルトンさん。申し訳ないんですが、もうガソリンをツケでお売りするわけにはいかないんです』……私は傷つけられた」
「数日後には、家賃も払えなくなり、家にはメリーや息子たちに食べさせる野菜もなくなってきた」

ヒルトンのホテルは建設コストを下げるために借地の上に建てられ、その建設費用の多くを銀行融資に頼っていた。このような外部資本への依存は、急激な事業拡大を可能にした。しかし、これは右肩上がりの業績アップを前提としたビジネスモデルであり、ひとたび歯車が逆回転を始めると、ひとたまりもなかった。

追い詰められたヒルトンは、ホテルの株式を担保に、地元のテキサスの資産家ムーディ家の融資を受ける。しかし経営は悪化の一途で、返済の支払いが滞ったヒルトンは、ムーディ家にすべてのホテルを差し押さえられ、経営から放逐されてしまう。「私には何も残らなかった」というヒルトン。エル・パソ・ヒルトンの輝かしい開業の日から1年も経過しないうちに、破産してしまったのである。

雑誌の切り抜き写真に励まされて

築き上げてきたホテル群を失ったヒルトンだが、諦めることはなかった。その財布には、雑誌から切り抜いた1枚の写真が入れられていた。ニューヨークの名門「ウォルドルフ・アストリア・ホテル」だ。大恐慌に抗うようなその壮麗なたたずまいは、ヒルトンに勇気を与えた。「ほとんど忘れかけていた高い山、広い地平線をかいま見た」というヒルトン。「私自身の小さなホテルの世界は崩壊するかもしれない。私自身の山は崩れてしまうかもしれない。しかし、これがアメリカであった。私はなおも希望を持つことが出来た。なおも夢を見ることができた」。

再起を模索するヒルトンに、一筋の光が差し込んできた。エル・パソ・ヒルトンを差し押さえたムーディ家だったが、将来性がないとして、手放そうとしていた。ホテルに土地を貸していた地主のアルバート・マシアスから、未払いの地代3万ドルの支払請求を受けたムーディ家は、地代を支払う代わりに、エル・パソ・ヒルトンそのものを差し出すといいだしたのだ。

しかし、マシアスにもホテルを経営するつもりなどない。そこでマシアスは、かつてのオーナーであったヒルトンに、ムーディ家に要求している地代を代わりに払ってくれれば、ホテルを経営させてやると提案してきた。175万ドルもの巨費をかけて建設したホテルの経営権が、たったの3万ドルで戻ってくるというのだ。

しかし、時期が悪かった。この時のアメリカは、銀行の倒産が多発するなど、融資環境は最悪だった。「30セントも集められそうに思われなかった」という破産者のヒルトンにとって、3万ドルはとてつもなく大きな金額であった。

それでも資金集めに奔走するヒルトンに、手を差し伸べる者たちがいた。かつての取引先だ。エル・パソ・ヒルトンに出入りしていたクリーニング店やアイスクリーム店の店主、酪農家、ビール会社の経営者などで、全員が小規模な事業主であった。

ヒルトンとはビジネスだけではなく、深い友情で結ばれていた彼らは、懸命に再起を図るその姿に心を動かされた。そして、自分自身の懐事情も苦しい中、何の保証もなく支援してくれたのだ。彼らに深く感謝したヒルトンは、「エル・パソ・ヒルトンのシーツの洗濯はすべて任せるし、他のビールも出さないし、アイスクリームもミルクも、決して他のものは口にしない」と約束したという。

これに加えて、母親などからも資金援助を受けることで、何とか3万ドルを集めたヒルトンは、エル・パソ・ヒルトンの経営に復帰した。かつての「オーナー社長」から「雇われ社長」に格下げされての再起だったが、ここから事態は好転し始める。

大恐慌を追い風に

大恐慌直後は一気に宿泊客を失ったものの、ヒルトンが尽きることないアイデアをつぎ込んだエル・パソ・ヒルトンはホテルとしての高い競争力を保っていた。経営意欲の低い債権者たちから、ヒルトンに経営権が移ったことで、エル・パソ・ヒルトンの業績は徐々に上向いてゆく。

エル・パソ・ヒルトンの経営を軌道に乗せたヒルトンは、そこで得た利益や政府の破産者救済策を活用することなどで、差し押さえられていたホテルの所有権を取り戻していった。取り戻したホテルを担保に融資を引き出し、これで新たにホテルを買い戻すことを繰り返していったヒルトンは、１９３４年には失った８つのうちの５つまで取り戻していた。破産状態に陥ってから、わずかに5年という早業だった。

再起を果たしたヒルトンは、エル・パソ・ヒルトンの買い戻しを支援してくれた人々に、借金を返済した。窮地にあった自分を助けてくれた感謝を込めて、50％のボーナスを上乗せした返済額であった。

ここからヒルトンの逆襲が始まった。「恐慌の間に、破産したホテルの数は、全国で81％に達した。ホテルの所有者は、平均して、５つのホテルのうちの１つを救うことさえできなかった」。ヒルトンが述懐する通り、破産したホテルを差し押さえた銀行家や資産家は、不良債権化した施設を持て余し、一刻も早く手放そうとしていた。

復活したヒルトンの目の前には、驚くほど安い価格で買えるホテル群が転がっていた。絶好の「バーゲン・ハンティング」のチャンスが訪れていたのである。

ヒルトンは、かつて慣れ親しんだ戦略に戻り、自分の眼鏡にかなう立派なホテルを次々に買収してゆく。

1938年1月、ヒルトンはサンフランシスコの「サー・フランシス・ドレイク・ホテル」を買収した。22階建てで客室数450、建設費は410万ドルという豪華なホテルを、ヒルトンは27万5000ドルという破格の価格で手に入れた。翌39年にはロサンゼルス・ロングビーチの「ブレーカーズ・ホテル」を買収し、ニューメキシコ州に「アルバカーキ・ヒルトン」を新築した。

気がつけば大恐慌が終わろうとしていた。すっかり裕福になったヒルトンは、ロサンゼルスの高級住宅地に新居を構える。大恐慌に一度は敗れたヒルトンだったが、今度は大恐慌を追い風にして、見事な逆転勝利を収めたのである。

勝利の本質
キャッシュを確保し、実力発揮

大恐慌で一度は破産したヒルトン。そこからホテル王への道を切り開くことができたのは、なぜか。土壇場で「小さな金融力」を発揮したこと。そして、ホテル経営におけるアイデアの豊かさと実行力、すなわち「本業における実力」にあった。

他者資本に頼る弱さ

破産の本質は、「金融力の喪失」にある。事業を継続・発展させるためには資金が必要不可欠であり、血液のようなもの。事業が黒字であっても、資金がついえた企業は破産する。企業が自らの生存に欠かせない資金を確保する力が「金融力」だ。

金融力には、自分で資金を蓄積する「自己資本型」と、銀行融資や第三者からの出資などによる「他者資本型」があるが、多くのホテル経営者同様、ヒルトンも後者に大きく依存していた。

1920年代半ばから、ヒルトンは猛烈な勢いでホテルの建設を進めたが、これを可能にしたのが銀行融資や投資家からの出資だった。最初に建設したダラス・ヒルトンの場合、100万ドルの建設費のうち、自己資金はモーブリー・ホテルなどを売却して得た10万ドルのみで、50万ドルを銀行融資、残りの40万ドルは友人などからの出資で調達していた。未曾有の好景気の中、資金の運用先を探していた銀行や投資家は、ヒルトンのホテル経営の手腕を高く評価し、積極的に金融力を提供してくれていた。ヒルトンの躍進は、「他者資本型」の金融力に支えられていたのだ。

大恐慌に突入すると、ホテル経営を取り巻く環境は、順風から逆風に一変した。そこで企業の生死を分けるのもまた、金融力だった。ホテルの売り上げが激減し、赤字に陥ったとき、赤字を補填する資金がなければ、資金繰りは行き詰まり、破産に至る。恐慌下の経営では、事業拡大の局面とは違った意味で、より大きな金融力が必要となった。

ところが銀行は、追加融資に応じるどころか、融資の引き上げに動く。恐慌で不良債権が急増すれば、銀行は貸し渋り、貸し剥がしへと舵を切るのである。

ヒルトンの金融力は急激に低下する。他者資本にはもう頼れない。これを補うのが「自己資本」だが、ヒルトンの場合、これが極めて脆弱だった。

もちろん、こうした状況はヒルトンに限ったことではなかった。多くのホテル経営者が他者資本に依存した結果、ホテルを手放さざるを得なくなっていた。大恐慌下、アメリカのホテルの81％が破産したとされているのである。

破綻の連鎖がバーゲンセールを生む

この結果、銀行や一部の資産家は、差し押さえたホテルを大量に抱え込むことになる。しかし、彼らにホテルを経営する意思はなく、差し押さえられたホテルの投げ売り状態、いわゆるバーゲンセールが始まる。

「いまや私の見たところ、アメリカ全国が立派なホテルでいっぱいであった。しかも、それらのホテルの５分の４は最初の持ち主の手から離れて、管財人の管理下にあるか、ホテルについて何も知らず、これらを〝恐慌が産み落とした白象〟としか考えていない人々の手に渡っていた。それらのホテルは、法外に安い値段で、買い手のよりどりみどりという状態であった。この時期にホテル業を始めるには、わずかばかりの資本と大きな信念があれば十分であった」というヒルトン。

ヒルトンの前には、175万ドルをかけて建設したエル・パソ・ヒルトンの経営権を、わずか３万ドルで取り戻せるという、バーゲン・ハンティングのチャンスが転がっていた。このチャンスを生かすための「わずかばかりの資本」、つまり小さな金融力をヒルトンに与えてくれたのがかつての取引先であり、友人たちであった。彼らがなけなしのお金を出してくれたのは、長年の付き合いの中で、ヒルトンの能力と人柄を信頼していたからこそ。もし、ヒルトンが友人たちから3万ドルを借りられなければ、後のホテル王は誕生しなかったに違いないのだ。

他者資本型の金融力を失い、自己資本も乏しかったヒルトンだったが、土壇場で「友人たちの支援」という「小さな金融力」を得ることができた。これによってバーゲン・ハンティングが可能となったヒルトンは、土俵際から大逆転に持ち込むことができたのであった。

尽きることないホテル王のアイデア

ヒルトンが再起を果たすことができたもうひとつの重要な要因が、本業における実力だ。若くしてホテル経営に魅せられたヒルトンは、新しいアイデアを精力的に生み出し、次々に具現化していった。その中には、現代のホテル運営の先駆けとなるものが多くある。

最初に手に入れたモーブリー・ホテルでは、「金を掘れ!」の合い言葉の下、ホテルのスペースを有効活用することで収益力を高めた。アーケードにレストランやショップなどのテナントを入れるというのは、現代のホテルでは当たり前のビジネスモデルだが、その先陣を切ったのがヒルトンだった。

ヒルトンは、ホテルのゲストが快適に過ごすための工夫も様々に凝らした。ダラス・ヒルトンでは、エレベーターやランドリー・シュート、通風孔などを建物の西側にまとめた。エアコンのなかった時代であり、テキサスの強烈な西日を客室に入れないための工夫だった。1927年、エアコンが登場すると真っ先に導入。ルームサービスを始めたのもヒルトンで、30年のことだった。

新機軸の導入は、その後も続く。第二次世界大戦後のことだが、世界で初めて客室にテレビを導入したのがニューヨークの「ルーズベルト・ヒルトン」であり、55年からはすべてのホテルにエアコンを導入するプログラムを開始した。

「エアポートホテル」という概念は、59年開業の「ヒルトン・サンフランシスコ・エアポート」が最初とされている。また、全ヒルトン・ホテルを対象とする集中予約システムを導入したのも、コンピュータ化されたデータベースを利用した宿泊予約システムを導入したのもヒルトン・ホテルだった。

尽きることないアイデアの創出によって、ヒルトンのホテルは他にない輝きを見せる。実のところ、1920年代のように、経済全体が右肩上がりで、ホテル需要全体が盛り上がっている時には、アイデアの力で大きな差をつけるのは難しい。ヒルトンが最初に買収したモーブリー・ホテルは、油田開発ブームに沸く中、質素な建物でも満室だった。

しかし、大恐慌下でホテル需要全体が縮小すると、残された小さなパイを巡って激しい生存競争が展開される。このような市況でこそ、ホテル王の経営手腕がひときわ輝く。

確かに、大恐慌の直後は宿泊客が激減し、立て直す間もなくヒルトンは破産してしまった。しかし、ヒルトンのホテルには間違いなく、他にはない魅力があった。ヒルトンが経営に戻ったことでホテルはその魅力を取り戻し、大恐慌の中で限られた宿泊需要を取り込んでゆく。

一度は大恐慌に沈んだヒルトンが再起を遂げることができたのは、ホテル運営という本業において確かな実力があったからだ。これが経営者としての高い評価を生み出し、取引先の支援という「小さな金融力」を呼び込み、大逆転の起点となった。これこそがヒルトンの「勝利の本質」だったのである。

大恐慌を乗り越えたヒルトンのホテル事業は、第二次世界大戦中も拡大を続け、戦後には一層の発展を見せた。１９４３年にはニューヨークの名門「プラザ・ホテル」

を、45年にはシカゴにあった、当時としては世界最大級の「スティーブンス・ホテル」を買収している。

そして１９４９年10月、61歳になっていたヒルトンは最大の夢を実現した。財布の中にその写真を入れて再起を誓った憧れのホテル、ニューヨークのウォルドルフ・アストリア・ホテルを手に入れたのだ。パークアベニューに建つ47階建ての華麗なホテルは、世界中のＶＩＰを迎える世界最高峰のホテル。「王様につないでくれ」という電話に、交換手が「どちらの王様でしょうか」と聞き返したというエピソードが伝えられている名門中の名門だ。

ここでもヒルトンは金を掘った。ロビーにあった豪華な４本の柱をくりぬいて、ショウウィンドーにした。その素晴らしさに香水商や宝石商がこれを借りる権利を争ったという。買収前には低迷していた業績は急回復、買収した初年度から１００万ドルもの利益が上がるようになったという。

１９７９年1月3日、ヒルトンは91歳で生涯を終えた。老衰による静かな最期だった。大恐慌の中で一度はすべてを失った男は、決して挫けなかった。強い信念と画期的なアイデアで、世界に冠たるホテルチェーンを作り上げたのであった。

CASE 7

ジャン・P・ゲティ

恐慌を追い風に変えた「ケチな石油王」

1957年10月、ビジネス誌「フォーチュン」が発表した大富豪の資産ランキングにおいて、ロックフェラー家やモルガン家、フォード家といった並み居る大富豪を押さえてトップに立ったのはジャン・P・ゲティ。石油ビジネスで大成功し、「資産額は7億ドルないし10億ドル。地上で最も裕福なアメリカ人」とされたのだ。

筋金入りの「ケチ」としても名を馳せたゲティ。後に、誘拐犯を相手に身代金を値切ってみせ、世界を驚かせた。そんなゲティが大富豪への道を切り開いたのは、大恐慌の時代だった。事業家のほとんどが守りに回る中で攻めの姿勢を貫き、「石油王」となった。的確に状況を捉え、怯《ひる》むことなく、危機を大きなチャンスに変えていったのである。

石油に魅せられた男

ジャン・Ｐ・ゲティ(Jean Paul Getty)は、１８９２年12月15日、アメリカ・ミネアポリスで誕生した。

保険業を営んでいた父親のジョージは、仕事で訪れたオクラホマ州の辺鄙な町で、「運試し」とばかりに、５００ドルで原油の採掘権を購入してみた。するとこれが大当たり、一夜にして大金持ちになった。

ジョージは息子のゲティを、石油ビジネスに引き込んでいった。「有名な石油業者《オイルマン》の息子であった私は、子供の頃から石油熱にさらされて生きてきた」と自伝に記したゲティ。「油田で雑用および工具係の見習いとして働き、つらいながらも貴重な経験を積んだ」という。

１９１４年、父はゲティにある提案をした。「１万ドルを元手に油田を掘り当ててみろ」というのだ。この時ゲティは21歳。たった一人でオクラホマの油田地帯に乗り込み、安宿に泊まり、百戦錬磨の山師たちに混じっての油田探しは、空振り続きだった。最初の１年間は儲かるどころではなかった。運に見放されたかと大いに苦しんだという。

『ゲティ家の身代金』
ジョン・ピアースン著／鈴木美朋訳
（ハーパーBOOKS／2018年刊）

当時の油田探しは、採掘権を手に入れた土地に穴を掘ってボーリングを行い、原油が出るかどうかに賭けるというもの。有望な場所の採掘権は高騰する上に、多額の費用をかけてボーリングまでしても、原油が出てくるかどうかは運次第だった。仮に原油が出てきても、採算が取れるだけの量に届かない場合も多く、採掘権やボーリングに投じた資金が水泡に帰す場合が大半という、博打のようなものだったのだ。

悪戦苦闘を続けていたゲティだったが、1916年1月、ついに油田を掘り当てた。わずか500ドルで採掘権を取得した場所から、日量400バレルの原油が噴き出したのだ。「私自身、地下の石油の存在を嗅ぎ取ることはできない。初期に成功できたのは、純粋に運がよかったからだと思っている」というゲティだが、それまでの努力は大変なものだった。長年働いてきた労働者の手を借りながら、ボーリングを繰り返し、借地権を慎重に売買し、大手開発業者の妨害にも耐え、泥だらけになって原油を探し続けた。こうした努力が実を結び、次に採掘権を取得した場所からも日量1000バレルを産出するなど波に乗ったゲティは、わずか4カ月で100万ドルを稼いだ。「私は百万長者《ミリオネア》になったのである!」と豪語したゲティ、23歳という若さでつかんだ成功だった。

1920年代に入ると、ゲティはカリフォルニアに進出し、ここでも大成功を収めた。ゲティが目を付けたのは、周囲に多くの油田がありながらも、見捨てられていたロサンゼルスのシール・ビーチ。面積が小さい上に狭い道路しかなく、大型の採掘機を建てられなかったのだ。するとゲティは、技術者たちと力を合わせて小型の採掘機を開発し、原油の採掘に成功する。同じロサンゼルスのアセンズで行った油田開発は、業界トップクラスの採掘員を3人も雇うことで、日量2000バレルという大当たりとなった。次に開発したアラマイトスの油田は、日量1万7000バレルというとてつもない産出量となり、莫大な利益をゲティにもたらした。

その成功はもはや「運」がもたらしたものなどではなかった。投機性の高い油田開発競争において、勝負勘と採掘ノウハウを高めていったゲティは、石油王への道をばく進していくのである。

大恐慌が襲ってきた！

順調にビジネスを拡大させていたゲティに、突如として2つの災難が襲いかかる。大恐慌と父親の死だ。

1929年10月24日の「暗黒の木曜日」に始まる株式市場の暴落で、アメリカ経

『ポール・ゲティの大富豪になる方法』
ジャン・ポール・ゲティ著／長谷川圭訳
（パンローリング／2019年刊）

済は大混乱に陥った。その最中にあった翌30年5月、ゲティ家の石油ビジネスを牽引してきた父親が急逝したのだ。

「母と私には悲しんでいる余裕などなかった。彼が遺したビジネスを維持し、会社を率いなければならなかったからだ。しかも、連邦政府は相続税の早急な支払いを求めて圧力をかけてくる。ほかにもたくさんの問題が生じた。加速する不況の中で、それらすべてに対処するのは容易なことではない。私たちは全神経を問題解決に集中しなければならなかった」と、当時を振り返るゲティ。

ゲティは決断を迫られていた。自分も含めたゲティ家の石油ビジネスを、このまま維持するのか、価値が失われる前に売り払ってしまうべきなのか。現時点で撤退すれば、十分な資産を手許に残すことができるが、継続すれば破産する恐れすらあった。

周囲の意見は一致していた。「すべてを――父の持ち株だけでなく、私の会社や株式も含めたすべてを――売り払って現金に換えろ、という助言を私は何度耳にしたことだろう。『状況は悪化する一途だ。経済は完全に崩壊するだろう』と彼らは主張した」。底なし沼に落ち込んだような株価に誰もが恐れおののき、アメリカ経済の先行きに絶望し、我先にと株式を処分しようとする中にあっては、周囲のアドバイスも当然のことであった。

ところがゲティは、正反対の行動に出た。アメリカ経済基盤は健全であり、しばらくは下降を続けるとしても、そのうち勢いを取り戻し、かつてないほど力強くなるとゲティは考えていた。従って今は買い時だ、売り時ではない。「石油関連株の多くは市場最安値で売られていた。まさにバーゲンセール状態だ」と見て、石油会社株の買い付けに乗り出したのだ。「ライバルはもちろんのこと友人や知人までもが、私のように株式を買いあさるのは致命的な過ちだと考えていた」が、ゲティは迷わず買い進んでいった。

ゲティはまず、カリフォルニアの十大産油会社のひとつである「パシフィック・ウエスタン」の株式買収を開始する。株価が17ドルの時点で買い付けを開始するが、その後3ドルまで暴落し、ゲティは大きな含み損を抱えた。しかしゲティは、同社が保有している原油埋蔵量が1株当り15ドルよりも遥かに多いと冷静に分析し、買収を継続して支配権を握った。ゲティは油田を探し当てるよりも、石油関連企業を買収した方が近道であることに気付いていた。株式市場が崩壊している今こそ、掘り出し物を安く買い占めるチャンスと考えたのだ。

ゲティが次に狙ったのが「タイド・ウォーター・オイル」。全米第9位の大会社で、大恐慌最悪期の１９３２年時点でも、５００万ドル近い純利益を上げていた。ところ

『石油王ゲッティ─世界最大の富を築いた男の生涯』
ロバート レンツナー著／真野明裕訳
（新潮文庫／1987年刊）

が、その株価は3ドルを割るまでに暴落していたため、約450万ドルで全株式を取得できる状態にあったという。

自社を遥かに上回るタイド・ウォーター・オイルの吸収合併を目論んだゲティは、株価が2・5ドルだった時点で、秘かに買収作戦を開始する。これに気付いたタイド・ウォーター・オイル経営陣が買収阻止に動き出し、両者の間で激しい攻防戦が繰り広げられた。勝利したのはゲティ、小が大を飲み込んだのだ。この買収は大成功だった。タイド・ウォーター・オイルの株価は1938年には17ドルを突破し、ゲティは莫大な含み益を獲得すると同時に、石油業界での地位を揺るぎないものとする。

「私の株買い付けは自分の持金のすべてと自分の信用で借りられるありったけの金で資金をまかなっていた。戦いに敗れていたら（幾度かの前哨戦では敗北したし、幾度かは全面敗北の寸前までいったこともあるが）、私個人は文無しになって、多大の借金を負う羽目になっていただろう」。ゲティの生涯を描いたノンフィクション『石油王ゲッティ』には、こんなゲティの言葉が残されている。

不退転の決意で挑んだ石油ビジネス拡大は大成功を収める。ゲティの読み通り、大恐慌下のガソリン需要は、工業製品の中で最も落ち込みが小さく、1934年からは増加の一途をたどった。自動車の販売増加に加えて、オイルバーナーが開発されたことによる家庭暖房需要や、ディーゼル機関車の登場による鉄道需要も旺盛だった。第二次世界大戦が迫る中で石油に対する需要はさらに拡大、買収した会社群は大きく成長し、株価も急上昇したことで、ゲティの資産は何倍にも膨れ上がったのだ。

美術品でもバーゲン・ハンティング

ゲティは石油会社のバーゲン・ハンティングに成功した。投資家ジョン・テンプルトン（Case5）が株式全般で実践したことを、ゲティは石油ビジネスという自分の鼻が利く分野に絞って行った。

ゲティは自著『大富豪になる方法』の中で、ビジネスで成功する方法を説いている。「自分で事業を興すときは、すでに自分に知識があり理解が深い分野を選ぶべきだ。もちろん、最初からすべてのノウハウを知ることはできないが、それでもビジネスを行うのに必要な知識がしっかり集まるまで、スタートは切らない方がいい」

ゲティはビジネスと同じやり方で、膨大な美術品のコレクションも築いてゆく。

1912年、ゲティは日本と中国を旅行した。この時、東洋美術の美しさに魅了され、「美術品を収集したい」という気持ちが芽生えたという。

『石油王への道─世界一の富豪 J.ポール・ゲティ回顧録』
J・ポール・ゲティ著／青木栄一訳
（講談社／1977年刊）

しかし、1920年代には好景気の中で、めぼしい作品は買い占められていて、たまに売りに出されても、「目をむくような値段がつけられ、しかも億万長者のコレクターが即座に買い求めていく状態」で、「個人でちょっとしたコレクションを開始する時期は過ぎ去ってしまった」と諦めていた。

ところが、大恐慌が襲ってくると状況は一変する。「飛び切り優れた美術品が市場に現れ始めた。それも、以前ならハナも引っ掛けないような安値で、売りに出された」というのだ。

「価格は今世紀最低になっている」と考えたゲティだが、財力に任せて買いあさったわけではなかった。ゲティは専門知識を獲得することから始めている。

油田を探したとき、当初は運に任せていたゲティだが、経験を重ねる中で、採掘のノウハウを蓄積することで成功をつかんだ。

美術品の収集でも、ゲティは同様のことをしている。美術や美術史の本を読みあさり、美術館や画廊に足繁く通った。それでも満足せずに、美術評論家や有名人に指導を求めたという。ゲティが美術品購入を本格化させるのは1935年頃からのこと。美術品収集に興味を抱いてから、20年以上が経過していた。

しかもゲティは美術品の中でも取引量が比較的少なく市場が小さい、いわば〝傍流〟

のジャンルから、その収集活動をスタートさせている。例えば、古代ギリシャ・ローマの大理石や青銅の像、16世紀のペルシャ絨毯や18世紀のフランス家具などである。

ゲティが美術品マーケットの中核を形成する西洋の近現代絵画に触手を伸ばしたのは、１９３８年11月のことだった。巨匠レンブラントの初期の作品「商人マルテン・ルーテンの肖像」を手に入れたゲティ。戦争の不安に駆られたオランダ人実業家が売り出したものを、買いたたいたのだ。その金額は６万５０００ドル、売り出した実業家が購入した金額の３分の１に過ぎなかった。国宝級の絵画が「無名のアメリカ人」の手に渡ったことで、オランダ国内は騒然となり、買い戻すための募金運動まで起こったという。

時間をかけて培ってきた知識と審美眼を駆使し、美術品の収集でもバーゲン・ハンティングを成功させたゲティ。石油ビジネス同様に、その収集欲は晩年になっても衰えることなく、世界屈指の大コレクションを築き上げることになるのである。

徹底した節約の断行

大恐慌をバーゲン・ハンティングのチャンスに変えたゲティだが、手に入れた会社の経営ではコスト管理を徹底した。

ゲティは最初に買収した石油会社パシフィック・ウエスタンで、従業員をいったん全員解雇した上で、安い給料で再雇用した。当時のアメリカは失業者で溢れていたことから、従業員はこれに応じざるを得なかった。

「コストと利益を最重要視すること」。ゲティはこれがビジネスで成功し、大金持ちになるのに必要な「ミリオネアのメンタリティー」だという。「これこそが、ビジネスの基本中の基本である。それなのに、悲しいかな、このことをあまり、いやそれどころか、全く理解していない者が実に多い」とゲティは嘆く。

「節約が習慣として身についていれば、生産費用や諸経費を切り詰められるチャンスを見逃すことはないだろう。さらに、節約を習慣化しておけば不測の事態が生じたときにも対処する資金があるし、不景気にも耐えられる」と、その重要性を繰り返し指摘する。

節約はゲティの日常生活でも徹底されていた。手紙の返事を書くときには、送られてきた封筒の宛名を書き直して再利用した。輪ゴムも再利用し、書き損じの紙も捨てずに使ったという。ホテルに宿泊した際には、自分で下着を洗濯し、レストランではメニューから安いものを選んで食べた。日記にはその日に使ったタクシー代まで記録している。

自宅の電話料金が高額だと腹を立てたこともある。訪問客が勝手に電話を使っていると思い込んだゲティは、邸内に公衆電話ボックスを設置し、それ以外のすべての電話に鍵を取り付けて勝手に使えないようにしたという。

邸宅の番犬も徹底的に教育されていた。「危険。番犬あり ── 近寄らないこと。この犬は外来者すべてを敵として扱うように訓練されています。手を触れないこと。携行品預かり所のテント内に救急箱あり」という掲示板に、ゲティのユーモアを感じる来訪者もいた。しかし、番犬は本当に獰猛で、邸内を自由に駆け回って来訪者を威嚇し、使用人ですら噛みつかれたことがあったという。

締めるところは徹底的に締めたゲティは、大恐慌で値下がりした石油会社や美術品を見逃さず、大胆なバーゲン・ハンティングを実行した。

「私は他の人々が売っているときに買う」と豪語していたゲティは、大恐慌の勝利者となった。そして、第二次世界大戦をも乗り越えて、戦後は中東での油田開発も展開し、世界にその名をとどろかせる大富豪になったのである。

勝利の本質

高い審美眼を持つ倹約家

ゲティが大恐慌下で勝利を収めることができたのは、バーゲン・ハンティングにおける「目利き力」と「ケチ力」にあった。

バーゲン品の価値を見極める「目利き力」

バーゲン・ハンティングとは、何らかの理由で価格が暴落して「大安売り（バーゲンセール）」の状態になったときを狙って、買い込むこと。例えば、高級ブランドの商品を手に入れたい人がセールを待つように、株式市場や不動産市場で、不安心理などから売りが殺到するタイミングを狙って、買いに出る。理屈は簡単だが、現実にこれを成功させるのは簡単ではない。

投資家テンプルトンのケース（Case 5）からも、バーゲン・ハンティングにおけるタイミングの重要性は分かるはずだ。

タイミングと並んで、バーゲン・ハンティングを成功させるのに欠かせないのが、「目利き力」である。すなわち、バーゲンセールに並べられている「商品」が、本当にお買い得なのかどうかを見極める力だ。

例えば、5万円で売られていたブランドバッグが、バーゲンで3万円に値下げされたとして、本当に「お買い得」なのか。値下げ前に5万円の値札が付いていたのはハッタリで、もともとの値段は3万円だったり、2万円だったりするかもしれない。それにもかかわらず、最初に見た5万円に惑わされ、3万円を割安だと思い込んでしまうことがある。

これは行動経済学でいう「アンカリング効果」だ。最初に認識された価格がアンカー(錨)、すなわち判断基準となり、それより低い価格に「お買い得感」が生み出される。しかし、それが本当にお買い得であるかどうかは不明で、結果的に高い買い物をしている可能性もある。

同じことが株式市場や不動産市場にも当てはまる。購入を考えていたA社の株価が最初は１００ドルで、手が出せなかったとする。その後に株価が暴落して50ドルになれば、割安に感じて、購入の意欲は高まるだろう。最初に認識した１００ドルという株価がアンカーとなって「お買い得感」が生まれるわけだ。

しかし、50ドルであっても、まだ高すぎるのかもしれない。アンカーとなる価格に惑わされずに、その株の「本当の価値」を見定めなくてはならない。投資判断の基準は100ドルという「最初に見た価格」との比較ではなく、「本当の価値」との比較であるべきだ。もし本当の価値が50ドル以上なら「お買い得」だが、20ドルであれば、結果的に損をすることになってしまう。バーゲン・ハンティングを成功させるためには、「価格が下がったから」ではなく、「本当の価値より下がった」ことを見極めて、意思決定することが求められるわけだ。

アンカリング効果は、とりわけ投資の初心者を惑わせる。株価が急落すると、「今がチャンスかな……」と、株式投資に参入してくる未経験者が必ずいる。しかし、彼らは往々にして、思惑が外れて株価が下がり続けると狼狽し、慌てて底値で売ったり、下がり切る前に買い増ししたりして損失を膨らませてしまうのだ。

ゲティはこうした失敗を犯さなかった。なぜか。

バーゲン・ハンティングを支えた調査と分析

ゲティのバーゲン・ハンティングを成功に導いたのは、調査と分析であった。勝負をかけたパシフィック・ウエスタンやタイド・ウォーターなどの巨大石油会社の買収において、ゲティは利益水準や埋蔵原油量などのデータを集めた上で、自身の基準で割安と判断できたときに行動している。

「当該企業のことをできるかぎりよく知ることなしに株を買ってはならない」というゲティ。大恐慌下の株式市場では、空前のバーゲンセールが繰り広げられていたが、その中には競争力を完全に失った会社のたたき売りもあった。そのような「安物買いの銭失い」に、ゲティは引っかからなかった。

バーゲン・ハンティングをする際、ゲティは他者の意見には耳を貸さなかった。経済状況が悪化したことが誰の目にも明らかになれば、専門家と称する人々を含め、誰もが悲観的な予測に傾く。しかし、そんな悲観論者のほとんどが、ちょっと前までは好景気が永遠に続くような楽観論を展開しているものなのだ。

「自慢しているのではない。私はただ、大きな利益を得るチャンスは存在するということを示したいだけだ。経営者は破滅予言者の悲観的な意見を無視して、チャンスをチャンスとして捉えて行動すればいい」とゲティはいう。そして、「アメリカのビジネスが最も必要としていないものが、不平や言い訳、あるいは敗北主義である」と喝破したのである。

大恐慌によって、アメリカに巨大なバーゲンセール会場が現れた。そのなかでゲティは落胆することも、浮かれることもなく、並べられたバーゲン品の中から、本当に価値のあるものだけを冷静に選び出し、果敢に買い付けていった。この目利き力こそが「勝利の本質」であった。

発揮された「ケチの力」

ゲティは自他共に認める「ケチ」であった。これがビジネス上で大きな力を発揮することを、ゲティは知っていたのだ。

大局的な視点というものを、ゲティはあまり評価しなかった。「大きく考えることよりも〝小さく考える〟ことの方がよほど重要だ」というゲティは、「細部にまでしっかりと気を配り、自分のビジネスあるいは自分の雇用主の事業においてコストを削減できる機会を決して逃してはならない」と、「ケチの勧め」を説いている。

もちろん、ケチだけでは成功を収めることはできない。ゲティは「出費にもリスクを負うことにも前向きでなければならない」としているが、「その出費には正当な理由がなければならないし、リスクを冒す価値に見合った価値があるか慎重に検討しなければならない」と指摘する。

「ケチに思えることが、もう一方では大きな経済とつながっている」というゲティ。「仕事だけでなくプライベートでも、できるだけ経済的に行動する習慣を身につけよう。『まず金を稼いで、その後で使い道を考える』──これが成功を望む者が最も肝に銘じておくべきモットーだ」としているのである。

ゲティの徹底したケチぶりは、面白おかしく語り伝えられていることも多い。しかし、そこにこそ「勝利の本質」がある。値下がりした会社や美術品の本質的な価値を見極める繊細な感覚、周囲の雑音に惑わされることなく、徹底的に買いたたく胆力など、ゲティのバーゲン・ハンティング力を支えたものは、日常生活における徹底的な倹約を通じて培われたものではないか。歴史を振り返って、倹約を軽視する者が、ビジネスの世界で最後まで成功を収めることは極めて稀なのである。

ゲティの「ケチ」を全世界に知らしめる事件が起こったのは、1973年7月のことだ。孫のジャン・ポール・ゲティ3世がローマで誘拐され、100億リラ（1670万ドル）の身代金が要求されたのだ。

莫大な資産から見れば、少なすぎたかもしれない身代金額だったが、ゲティは支払いを拒否する。「わたしには他に14人の孫がおり、一文でも身代金を払ったら、14人の孫が次々に誘拐されるだろう」というのがその理由だった。

ゲティはこの誘拐事件そのものが、自分から金を引き出すために孫が仕組んだ狂言ではないかと疑ってもいた。そのため、真剣に取り合おうとしなかったのだ。

ゲティの態度に苛立った誘拐犯たちは、小包を送りつけてきた。中には切り取られた「人間の耳」が入れられ、身代金が支払われなければ、「もう一方の耳と死体が細切れに切り刻まれて届くことになるだろう」という脅迫文が添えられていた。

狂言でないと分かって誘拐犯との交渉を始めたゲティだが、今度は身代金の値切りにかかった。数度に及ぶ交渉を経て、身代金は100億リラから17億リラに〝値下げ〟される。米ドルに換算して、320万ドルであった。

ところがゲティが出したのは220万ドル分だけで、残りの100万ドル分は、孫の父親である息子のジャン・ポール・ジュニアに支払わせた。ジュニアには支払い能力がなかったため、年利4%で貸付けたという。

ゲティが220万ドルにこだわったのは、これが税務上の損金処理できる金額の上限だったから。ゲティは、孫の身代金で「節税」を図ったのであった。身代金が支払われたことでゲティ3世は解放されたが、人々はゲティの徹底したケチぶりに驚かされたのであった。

1976年6月6日、ゲティは83年の生涯を閉じた。ゲティが残した資産の大きさを物語るのが、「ジャン・ポール・ゲティ美術館」だ。ロサンゼルス郊外、高台からダウンタウンやサンタモニカ海岸を臨む絶景の地に建つ美術館には、ゴッホやゴーギャンなどの近代絵画から、中世ヨーロッパの美術品に至る膨大なコレクションが収蔵され、個人のコレクションとしては世界屈指の規模と質を誇っている。

大恐慌を恐れず、チャンスと捉えて立ち向かっていったゲティ。冷徹なビジネスマインドと呆れるほどの「ケチ」が生み出した壮麗な美術館は、その手がつかんだ勝利の大きさを物語っているのである。

CASE
8

デビッド・O・セルズニックとウォルト・ディズニー 拡大均衡を目指した「夢見る映画人」

特撮映画の金字塔「キング・コング」が公開されたのは、1933年3月2日のことだ。この時、アメリカ経済は、大恐慌の中でも最悪の時期を迎えていた。前年に比べて、国民総生産(GNP)は半減、失業率は24・9%と4人に1人が仕事を失っていた。

キング・コングには、当時の厳しい社会情勢が反映されている。ヒロインのアン・ダロウは失業中の女優で、空腹に耐えかねて、店先のリンゴを盗もうとしていたところを、映画監督に拾われるという設定だ。「女性救済の家」(Woman's Home Mission)の前に、食事をもらおうとする女性たちが、生気のない表情で長い列を作っているシーンもある。キング・コングが最後に登るエンパイア・ステート・ビルが竣工したのは、映画の公開から遡ること2年前の1931年。不況でテナントが埋まらず、「エンプティ・ステート・ビル」(Empty State Building＝空っぽの状態のビル)と揶揄されていた。

キング・コングを制作したのはＲＫＯ(Radio Keith Orpheum Entertainment)。パラマウント、ＭＧＭ、20世紀フォックス、ワーナー・ブラザーズと共に「ビッグ５」の一角を占めていた巨大映画会社だ。しかし、大恐慌下で経営状態が悪化、事実上の破産状態にあり、銀行の管理下に置かれていた。

土俵際に追い詰められていたＲＫＯを救ったのが、キング・コングだった。公開初日には１万人もの観客が押し寄せ、アメリカ国内はもちろん、世界各国で公開されて莫大な興行収入を稼いだ。関連グッズも飛ぶように売れ、続編も直ちに制作されるなど、空前の成功を収めたこの映画によって、ＲＫＯは瞬く間に経営危機を脱したのであった。

青息吐息の映画業界

キング・コングの制作を担ったプロデューサーが、デビッド・Ｏ・セルズニック(David Oliver Selznick)だ。１９０２年5月10日生まれのセルズニックは、31年に20代の若さでＲＫＯの制作担当部長に就任した。そして、大恐慌が深刻さを増す中、周囲

『キング・コング入門』
神武団四郎著
（洋泉社、2017年刊）

の反対を押し切り、巨額の制作費と革新的な映画技法を注ぎ込んだキング・コングによって、大きな成功を勝ち取ったのであった。

１９３０年代初頭、アメリカ映画界はかってない苦境に立たされていた。27年公開の「ジャズ・シンガー」を契機に、映画界は本格的なトーキー映画の時代を迎えようとしていた。従来の無声映画に音声を加えることで、映画に新たな魅力を与えたトーキー映画だが、映画産業にとっては両刃の剣だった。トーキー映画を上映するためには、それに対応した音響設備が必要となる。全米の映画館すべてをトーキー映画に対応させるためには、数億ドルという設備投資が必要とされ、映画会社各社は銀行から多額の融資を受けながら、懸命に整備を進めていたのだ。

巨額の負債を背負った映画会社が、投資を回収しようとしていた矢先に、大恐慌が襲ってきた。映画館の入場待ちをする列は消え、職探しや炊き出しを待つ長い列に変わった。入場料を大幅に引き下げたり、1本立てを2本立てにしたり、景品を付けたりしたものの観客は戻ってこない。１９３１年の観客数はピークだった29年の4割減となり、33年までに全劇場の3分の1近くが休館する事態となってしまったのだ。

トーキー対応への巨額投資の直後だけに、観客数の激減は映画会社の経営を揺るがせた。制作費の削減で２５００人もの俳優が失業し、映画会社の社員の給与も大幅

「季刊 映画宝庫」創刊号「われらキング・コングを愛す」
（芳賀書店／1977年刊）

に削減される。

こうしたリストラも焼け石に水で、トップの座にあったパラマウントは１９３３年に経営破綻してしまう。20世紀フォックスの前身であるフォックスも、経営不振から20世紀映画社と合併して、生き残りを図った。こうした中、ＲＫＯも経営不振から銀行の管理下に置かれていたのだ。

そこに乗り込んできたのがセルズニックだった。経費削減などのリストラでは、作品の質が下がるだけで、再建はままならないとセルズニックは考えた。人々が食費を削ってでも見たいという魅力ある作品を創り上げることがベストの再建策だと信じ、ＲＫＯの復活を託した渾身の作品を世に送り出した。それがキング・コングであった。

金に糸目を付けるな！

厳しい経済状況の中で、セルズニックは敢えて革新的な映画の制作を進めた。彼の頭の中には、父親が口癖のように繰り返していた言葉が響いていた。

「金に糸目をつけるな。何でも思い切ってやれ」

『アメリカ映画の文化史―映画がつくったアメリカ』（上下巻）
ロバート・スクラー著／鈴木主税訳
（講談社学術文庫／1995年刊）

セルズニックが映画制作の道に入ったのは、父親の影響を受けてのことだった。父親のルイス・J・セルズニックはロシア（現ウクライナ）のキエフで生まれ、12歳で家を飛び出してイギリスに渡り、その後にアメリカにやってきた。知人の紹介でユニバーサル映画に入るとめきめき頭角を現し、撮影所長を経て1915年に独立し、ヒット作を連発してゆく。

海千山千の猛者たちが集まる映画界にあっても、ルイスの存在は際立っていた。大金持ちになったルイスは、ニューヨーク・パークアベニューに部屋数が17もある豪邸を構え、ダイヤモンドを光らせ、高級車ロールスロイスを4台も乗り回すという羽振りの良さを見せつけた。

映画界の大物を父親に持ったセルズニックは、その背中を追うように、コロンビア大学を中退して父親の映画会社に入る。ところがルイスは、度を超えた派手な生活に、配給の問題や所属女優のスキャンダルなどが重なり破産してしまう。

活動の場を失った息子のセルズニックは、MGMに入って一から出直しを図る。プロデューサー助手などを経験して実力を高めていき、パラマウントを経て1931年にはRKOの制作担当部長に就任した。

「映画評論」1950年9月号
「デヴィッド・オリバー・セルズニック」

最高のスタッフで創り上げた革新的映画

「金に糸目を付けるな、何でも思い切ってやれ」という父親の口癖通り、セルズニックは制作費を気にせず、最高のスタッフを集めて、キング・コングの制作を開始した。

監督はメリアン・クーパーとアーネスト・シュードサックの2人。クーパーは第一次世界大戦でパイロットとして活躍し、戦後は新聞社のカメラマンとして世界各地を飛び回っていたというキャリアの持ち主だ。一方のシュードサックは冒険家としての顔を持ち、スマトラやボルネオなどを訪れた経験があった。

異色の経験を重ねてきた2人は、ジャングルに潜む怪物キング・コングの演出には最適の人材だった。

特殊撮影を担当したのは、無声映画時代の名作であるコナン・ドイル原作の「ロスト・ワールド」で、高い評価を得ていたウィリス・オブライエンだった。「前に使ったトリックは、もはや使えない」というオブライエン。ミニチュアモデルを1コマずつ動かして撮影する「モデル・アニメーション」や、半透明のスクリーンの後ろから収録済みの映像を映し出し、その前で演技したものを撮影する「リア・プロジェクション」などに加えて、撮影されたフィルムに光学的な処理を加える「オプティカ

『キング・コング：決定版』
オーヴィル・ゴールドナー（他）著／井上篤夫、久米穣訳
（勁文社／1976年刊）

ル・プリンター」など、最先端の特撮技術を投入してゆく。

キング・コングがエンパイア・ステート・ビルによじ登って、戦闘機と戦うクライマックスシーンは、モデル・アニメーションで作られたキング・コングをスクリーン・プロセスで撮影し、その上に戦闘機の実写映像などをオプティカル・プリンターで挿入するという複雑な手法が使われ、この部分だけでも制作に1年ほどを費やした。

実写部分では、リアリティが追及された。実物大のキング・コングの模型は体長15メートルで顔幅は2メートル、目玉だけで人間の頭ほどの大きさだった。模型の内部には数多くのモーターが使われていたが、顔の表情を出すためには人力に頼らざるを得ず、3人がかりで動かしていたという。キング・コングの特殊効果は今見ても素晴らしく、これを劇場の大きなスクリーンで見た当時の人々は、驚きの声を上げたに違いない。

キング・コングのうなり声を作るのも大変だった。音響担当のマレー・スピバックは、動物園に頼み込んで、ライオンや虎がエサを食べているときの音を収録した。迫力を出すために、食べようとしていたエサを引っ込めてうなり声を上げさせた。それでも迫力不足だったため、収録した音を重ねた上で逆回転させ、さらに1オクターブ低くすることで、キング・コングのうなり声を作ったのである。

事務屋にヒット映画は作れない

キング・コングは、映画音楽においても画期的だった。音楽を担当したマックス・スタイナーは、ウィーンで作曲法を学んだ本格派で、登場人物のみならず、場所や状況に応じた短い旋律を用意した。これは「ライトモチーフ」と呼ばれる手法で、ドイツの大作曲家リヒアルト・ワーグナーが、「ニーベルングの指環」や「トリスタンとイゾルデ」などで展開してみせた革命的な音楽技法だった。

スタイナーはＲＫＯの経営陣から、制作費がかさんでいるので、音楽は出来合いのものを挿入するだけにしろと指示されていた。これに納得できないスタイナーは、80人の大編成オーケストラによる壮大な映画音楽を作った。その効果は抜群で、監督のクーパーも「映画の成功の4分の1は、音楽の功績だ」と高く評価した。巨大ザメが忍び寄ってくるジョーズのテーマや、スターウォーズのダースベーダーが登場する際に流れる不気味なメロディーなど、映像をより引き立たせる現代の映画音楽の原点となったのがキング・コングだったのである。

最高のスタッフを集めて、最高の映画を制作しようとしたセルズニック。慌てたのはＲＫＯの重役たちと、経営を管理していた銀行家たちだ。経営陣も銀行家も、制

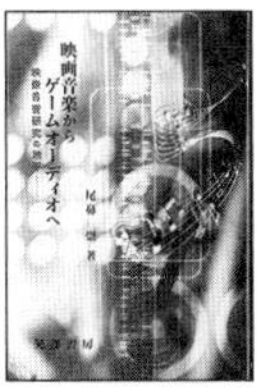

『映画音楽からゲームオーディオへ―映像音響研究の地平』
尾鼻崇著
（晃洋書房／ 2016年刊）

作費を抑え込もうとした。しかしセルズニックは、「事務屋にヒット映画を作れるわけがない」と、意に介さなかったという。

1933年3月2日、キング・コングは公開の日を迎えた。長期化した撮影期間は55週、撮影されたフィルムは23万8000フィートに及んだが、実際に使われたのは1万フィート以下だったという。制作費は67万ドルと、当時の平均的な1本当たりの制作費30万ドルの2倍以上だった。

セルズニックは「『キング・コング』は最大の興行成績を上げるであろう」と宣言したが、RKOの経営陣は不安で一杯だった。「類人猿が大衆のヒーローとして受け入れられるとは思えない」との悲観的な見方が大半で、封切館はたったの2カ所。それでも不安は拭えず、「空席が目立たないような工夫をした方がよい」といった声もあったという。

しかし、経営陣の心配は杞憂に終わった。公開初日、映画館には1万人もの人々が押し寄せる大盛況となった。映画雑誌はただちに特集記事を組み、「面白い!」「とにかく見ることだ!」などと、評論家たちの賛辞が並んだ。

キング・コングは世界各地ですぐ上映され、日本でも同年9月に160館で一斉公開されている。

キングコングの興行収入は１８６万ドルと、制作費の3倍近くに達した。おもちゃなどの関連グッズも飛ぶように売れ、続編もすぐさま制作されるなど、ＲＫＯのドル箱となった。厳しい経営環境の中、敢えて勝負を挑んだセルズニックの目論見通り、キング・コングはＲＫＯの経営を瞬く間に再建させたのであった。

ミッキーマウスを担保に入れて

キング・コングが映画界を席巻した直後の１９３４年、もう一人の映画人が人生をかける大勝負に出ていた。ウォルト・ディズニー（Walt Disney）だ。１９０１年12月5日生まれのディズニーはこの時33歳、28年に誕生させたミッキーマウスが大人気となり、すでに確固とした地位を築いていた。しかし、ディズニーはこの成功に満足していなかった。そして、それまで誰も挑戦したことのない、長編アニメ映画の制作に乗り出そうとしていたのだ。題材となったのが「白雪姫」である。

「アニメの長編なんて、いったい誰が見たがるの。漫画は8分でいい。10倍の長さになったら途中で飽きてしまう」といった反対の声を振り切ったディズニー。

80分を超える大作で、しかもカラーだった白雪姫。その前に立ちはだかったのが、

『ディズニー伝説』
ボブ・トーマス著／山岡洋一、田中志ほり訳
（日経BP／1998年刊）

深刻な資金難だった。短編アニメの制作費が1本3万ドル程度だった時代に、白雪姫の制作費は当初の見積もりですら25万ドルと巨額だったが、これでも全く足りなかった。「白雪姫を作るためには、ミッキーマウスからドナルドダックまで、わたしの持っているものを一切合切担保に入れなければならなかった」というディズニーだったが、それでも資金が足りない。

追い詰められたディズニーは、追加融資を受けるため、銀行の融資担当者に制作途中の白雪姫を見せた。ほとんどがモノクロの段階だったが、「今の倍の美しさになりますから……」と、懸命に訴えるディズニー。音声も入っていないことから、映写しながら自らストーリー展開を説明し、劇中歌も自分で歌ったという。

「試写」が終わると、融資担当者は無言のまま駐車場へ向かった。ディズニーの脳裏には、「制作中止」の文字が浮かんだに違いない。ところが融資担当者は、車に乗り込む直前に一言こういった。「あれは、大儲けできますよ」。白雪姫の素晴らしさに感動した融資担当者は、将来の成功を担保に、追加融資に応じてくれたのだ。

ディズニーが勝負を賭けた白雪姫は、3年の歳月と当初の予定を大幅に上回る150万ドルという巨額の制作費をかけ、1937年12月21日にプレミア・ショーの日を迎えた。750人以上のアニメーターが、800キロメートル以上の紙を使って、

２００万枚以上のデッサンや下書きを描いたという超大作だった。

現実を忘れさせる映画の輝き

前評判は散々だった。業界紙は公開前から失敗だと書き立てていたが、予想は大外れだった。プレミア・ショーが終わると、会場は盛大な拍手喝采で包まれ、いつまでも鳴り止まなかったという。その様子を見ていたアニメーターの一人は、「批評家に幼稚と言われた昔ながらのアニメーションが、聴衆皆の涙を誘ったのだ」と、その時の興奮を語っている。

白雪姫もキング・コングと同様に、驚異的な大ヒットとなった。子供たちは映画館に殺到し、ラジオからは毎日のように白雪姫の作中歌が流された。各地の映画館には長蛇の列ができ、ディズニー・プロダクションズの39年5月までの収入は６７０万ドルと全米記録を更新し、観客動員数でも過去最多となったのだ。

海外でも49カ国で上映され、販売された関連グッズは２１００種類を超え、その売り上げは玩具とハンカチだけで４００万ドルに達した。ガラスのコップだけでも１６５０万個が売れるほどの爆発的な人気となり、１万５０００ドルのセル原画も

『創造の狂気 ウォルト・ディズニー』
ニール・ガブラー著／中谷和男訳
（ダイヤモンド社／2007年刊）

飛ぶように売れた。

多くの工場が大恐慌下で稼働できない中、白雪姫関連のゴム人形を作っていた工場では、24時間操業を1カ月続けても生産が追いつかず、納品に3週間かかったという。

この時、アメリカ経済は依然として大恐慌から抜け出せずにいた。ニューディール政策で立ち直りかけていた景気が再び失速、「ルーズベルト不況」と呼ばれる事態に陥っていた。一方、ヨーロッパでは、ヒトラーのドイツがラインラントに進駐するなどファシズムの嵐が吹き始め、日本も盧溝橋事件を契機に日中戦争に突入していた。「映写機が回っている間にも、戦争は勃発し犯罪は発生し、憎悪は燃えあがり、暴動は起きている。しかしディズニーが魔法を使い魔法が効きはじめると、現実世界は消滅する」と伝えたのは１９３８年1月23日付のニューヨーク・タイムズ。

白雪姫は大恐慌に苦しみ、高まる軍靴の響きにも怯え始めた人々の心をつかんだのであった。

『シンス・イエスタデイ―1930年代・アメリカ』
F・L・アレン著／藤久ミネ訳
（ちくま文庫／1998年刊）

勝利の本質

縮小均衡を断固拒否する

大恐慌という「怪物」に怯え切っていた映画界にあって、大きな賭けに挑んだのがセルズニックとディズニーだった。２人に勝利をもたらしたのは「拡大均衡」の発想。そして不況を逆手に取り、埋もれていた人材を発掘したことだった。

目指したのは拡大均衡

大恐慌に陥ったことで、映画に対する需要は激減した。こうした局面では、人員削減や制作プロセスの簡略化などによって制作費を削減し、需要に合わせる「縮小均衡」を目指すのが通常の経営戦略だろう。しかし、これが映画の質の低下をもたらし、映画需要をさらに低下させる事態を招いていた。

低予算を目指すあまり、人気俳優は出演せず、ありきたりのストーリーと映像表現が繰り広げられる映画に、なけなしのお金を払おうという人はあまりいない。落ち込んだ需要に合わせようとした結果、映画市場は縮小の一途をたどっていたと考えられる。

これに対して、セルズニックとディズニーは「拡大均衡」を目指した。大恐慌の中、人々の心は重く沈んでいたが、それを癒やしてくれる娯楽を求めていた。映画は比較的安価な娯楽であり、誰もが目を見張り、心を奪われる作品を創り出せば、必ず見てもらえると考えたのである。

キング・コングも白雪姫も、それまでの映画の概念を大きく超える画期的で挑戦的な作品だった。縮小した需要に合わせるのではなく、需要を喚起できる魅力を備えた大胆な供給を仕掛けることで、映画市場の拡大均衡を目指したのだ。

制作費はかさみ、失敗した場合のリスクは計り知れなかった。もし、映画が当たらなければ、セルズニックもディズニーも、映画界から消え去っていたかもしれない。しかし、2人には確信があった。良い映画があれば、大恐慌という逆風の中でも人々は映画館に足を運んでくれるはずだと。

セルズニックとディズニーの成功は、他の映画制作者たちを勇気づけた。大恐慌下であっても、大きなチャンスがあることに気付かされた映画人たちは、守りから攻めへと転じていった。

キング・コングを見たある映画制作者は「疲労したショー・ビジネスの世界を、キング・コングがのし歩いている。おれたちもこうしてはいられない。うかうかしていては、時代遅れになってしまう」と声を上げたという。そして、斬新なストーリーと映像表現、新たなスターの発掘など、映画制作者たちは「拡大均衡」を目指して走り出したのだ。

これによって映画界は息を吹き返し、１９３９年にひとつの頂点を迎えた。アメリカ経済が未だ大恐慌から完全に立ち直っていなかったこの年、市場に送り出された映画は約４００本。映画業界は、利益額において全米の全産業の中で14位、資産額では11位という主要産業に成長していたのである。

埋もれていた人材の活用

大恐慌は映画制作者に、大きなチャンスを与えていた。優れた技術や独創的な企画を持ちながらも、経営上の理由から実現できず、埋もれていた人材が数多くいた。これを発掘し、活用することで、優れた映画を容易に制作することが可能になったのだ。

キング・コングの特撮を担当したオブライエンは、１９２５年公開の「ロスト・ワールド」で驚異的な映像表現を実現して、映画界にその名をとどろかせた。しかし、多額の制作費用が必要なことから、次回作がなかなか撮れない。ＲＫＯに入社したオブライエンは、恐竜が大暴れする映画「創造」の制作に着手したが、やはり制作費の不足から遅々として進まない。手持ち無沙汰のオブライエンは、スタジオの片隅で、恐竜の模型を黙々と動かす日々を送っていたという。

監督のクーパーも行き詰まっていた。映画の撮影で訪れたアフリカで、ゴリラと恐竜を戦わせるという奇想天外なアイデアを思いついたクーパーは、映画会社に企画書を持ち込んでいた。しかし、大恐慌下で経営が苦しい中、制作費のかさむクーパーの企画を採用するところはなかった。

この2人を結びつけたのが、セルズニックだった。クーパーをRKOに招聘したセルズニックは、オブライエンに引き合わせる。その特撮技術に驚嘆したクーパーは、恐竜の代わりに、暖めていたゴリラの映画を撮ることを思いついた。こうして始まったキング・コングの制作。才能に溢れた2人が、思う存分力を発揮できるように、セルズニックは制作費を含めて最大限の支援を行ったのだ。

「事務屋にヒット映画を作れるわけがない」と、経営陣と対立しながらも、信念を曲げなかったセルズニック。大恐慌で埋もれていた人材を発掘し、その力を最大限に引き出すことで、キング・コングという画期的な作品を創り上げたのだった。

アニメーターの求人に３万人が殺到

こうした状況はディズニーも同じだった。白雪姫の制作には膨大な数のアニメーターが必要になったが、不況が追い風となって優れた人材がすぐに集まった。１９３４年、ディズニーが国内の美術学校にアニメーターの募集をかけると、３万人もの応募が殺到した。ディズニーはその中から才能のある人を選び出すことで、白雪姫の高いクオリティを、比較的低いコストで実現することができた。大恐慌下において、供給の質と量を高めることは、好況の時期より容易だった。このアドバンテージを最大限に活用することで、セルズニックもディズニーも、大きな成功を収めることができたのだった。

落ち込んだ需要に合わせるのではなく、生かされずにいた才能を掘り出し、需要を喚起させる魅力ある作品を創り上げる。こうした経営姿勢は、あらゆる産業に必要なことであっただろう。しかし、多くの企業が縮小均衡から抜け出せず、それがまた大恐慌を長引かせる要因となっていたのではないか。

１９０２年生まれのセルズニックと１９０１年生まれのディズニー。同世代の２人が大恐慌に怯まず、「攻めの姿勢」を貫いたことが、映画産業の「勝利の本質」であり、大恐慌の中で業界全体をいち早く立ち直らせる原動力になったのである。

アメリカ映画界が復活を遂げた1939年、それを象徴する作品が誕生している。「風と共に去りぬ」、セルズニック渾身の超大作だ。

RKOを退社して新会社セルズニック・インターナショナルを立ち上げたセルズニックは、マーガレット・ミッチェルの小説『風と共に去りぬ』の映画化に挑んだ。制作期間は3年に及び、制作費は396万ドルと巨額だったが、十分に元は取れた。

39年12月15日に映画「風と共に去りぬ」が公開されると空前のヒットとなり、アカデミー賞では作品賞、監督賞、主演女優賞など10部門*で受賞を果たした。燃えさかるアトランタの町から脱出する大迫力のシーンは、キング・コングで使われた巨大なセットを「再利用」し、大量の油を振りかけて燃え上がらせたものだという。

白雪姫で空前の大ヒットを飛ばしたディズニーも、次々に名作を世に送り出していった。「ピノキオ」（1940年）、「ダンボ」（1941年）、「バンビ」（1942年）と毎年のように新作を公開し、「メリーポピンズ」（1964年）のような実写版の映画制作にも乗り出した。

夢を追い続けたディズニー、その「究極の作品」がディズニーランドであった。ディズニーランドがカリフォルニア州アナハイムに完成したのは1955年、その後日本を含めた世界各国に作られ、大成功を収めている。

＊候補作から選ばれる作品賞など8部門に加えて、個別に選ばれる「特別賞」「タルバーグ賞」を加えた10部門。

その一方で、セルズニックの晩年は不遇だった。１９４５年制作の「白昼の決闘」が、巨額の制作費を投入したにもかかわらず不発に終わる。その背景には、セルズニックの私生活があった。セルズニックは17歳年下のジェニファー・ジョーンズという女優と愛人関係になった。彼女を主演にしたのが白夜の決闘だったが、思い入れが強すぎて、風と共に去りぬを上回る６００万ドル以上をつぎこんでしまった。映画制作に私情を持ち込んだことで、歯車が狂ってしまったようである。白昼の決闘は思ったような興行成績を上げることができず、経営していた映画制作会社は経営危機に陥り、風と共に去りぬの権利も、格安で売却せざるを得なくなってしまった。

晩年に運命が分かれたセルズニックとディズニーだが、映画界への貢献は絶大だった。厳しい経済情勢の中で、果敢な挑戦をした2人は、大恐慌に勝利し、映画界に新たな地平を切り拓いたのであった。

CASE 9

ロバート・E・ウッド
小売業界の「将軍」は淡々と駒を進めた

「株価が大暴落したときは、売り上げがあっという間に消えて大変だった」

こう語ったのはロバート・E・ウッド、小売・流通の巨大企業シアーズ・ローバックを長きにわたって牽引し、「ウッド将軍」と呼ばれた名経営者だ。

1920年代後半、ウッドとシアーズ・ローバックは、目覚ましい躍進を続けていた。ところが、大恐慌に突入すると同業他社と同じく売り上げが激減して、32年には赤字に転落してしまう。

しかし、ウッドは動揺することはなかった。「手痛い打撃だったが、私はいずれ回復すると思っていたよ」と語ったというウッド。実際、赤字に陥ったのはこの年だけ。深刻な不況が依然として続いていた1936年に、大恐慌前の売上高のピークを超えるというV字回復を達成した。ウッド将軍は、どうやって大恐慌という強敵を撃破したのだろう。

ウッド将軍の誕生

ロバート・Ｅ・ウッド（Robert Elkington Wood）は、小売・流通業の経営者としては異色のキャリアを持つ。「将軍」と呼ばれるのは、ウッドが若くして准将まで務めた軍人だったからだ。

ウッドは１８７９年６月13日、ミズーリ州カンザスシティに生まれた。経済的な理由から大学進学を諦め、官費で学べるウエスト・ポイント陸軍士官学校に入る。卒業後にウッドが送られたのが、パナマ運河建設に従事していた部隊だった。

ここでウッドは物資の調達や供給などを担う兵站業務に就く。運河や鉄道、住宅などの建設資材から、衣類や食料品に至るあらゆる物資の配給や輸送などを取り仕切った。１９１８年にアメリカが第一次世界大戦に参戦すると、ヨーロッパに渡って兵站業務に従事するなどしたウッドは、陸軍少佐から大佐、そして主計准将に昇進する。39歳での准将昇格は異例の早さであった。

軍隊では兵站業務という裏方に回ったウッドだが、ビジネスの世界で表舞台に立つことになる。

准将に昇進した翌年の１９１９年、兵站業務での経験を買われたウッドは、カタ

『大恐慌！』
スタッズ・ターケル著／小林等、高橋早苗、忠平美幸、藤井留美、矢羽野薫訳
（作品社／2010年刊）

ログ通販トップだったモンゴメリー・ウォードに、商品担当総支配人として迎えられた。ここで、タイヤの売り上げを10倍にするなど業績拡大に大きく貢献し、翌年には商品担当の副社長に昇格する。

経営の中枢に入ったウッドは、会社が生き残るためには、小売店舗の展開が不可欠だと主張し始める。

モンゴメリー・ウォードのカタログ通販事業は衣類や日用品など幅広い商品をラインアップし、小売店の少ない郊外や農村に住む人たちのニーズに応えるものだった。しかしこの時期、アメリカでは都市化と自動車の普及が急速に進んでいた。都市化で郊外などにも小売店が増え、人々がマイカーで気軽に訪れるようになれば、カタログ通販の需要は落ち込むと考えられた。そこでウッドは、先手を打って自動車での来店に便利な小売店舗を自ら展開すべきだと主張したのである。

しかし、カタログ通販に自信を持っていた社長のセオドア・マーゼリスは、ウッドの主張に聞く耳を持たなかった。両者の対立は次第に深まり、ウッドは１９２４年にモンゴメリー・ウォードを退社、カタログ通販のライバルだったシアーズ・ローバックに転職する。

シアーズ・ローバックで、ウッドは持論の小売店舗展開を実行に移した。１９２５

『小売業の王様 シアーズの秘密』
秋川陽二著
（講談社ビジネス／1988年刊）

年に8店舗出店したのを手始めに、28年に192店舗、翌年には324店舗と急速に増加させていく。

ウッドの小売店舗展開は大きな成果を収めた。1929年、直営店舗の売り上げは全体の40%弱に達し、利益は3010万ドルという好業績をたたき出す。ウッドの指揮下で、シアーズ・ローバックの中核事業は、カタログ通販から小売店舗へ移り、大きな戦果を上げたのであった。

勢いづいていたウッドとシアーズ・ローバックに、突如として襲いかかってきたのが大恐慌だった。消費需要が激減し、売り上げはみるみる落ち込んでゆく。行く手を阻むように現れた大恐慌という強敵、「ウッド将軍」の真価が問われる重大な局面が訪れたのである。

大恐慌で激変した小売業界

大恐慌の影響を真っ先に受けた産業が流通・小売業だった。消費需要の激減で小さくなったパイの争奪戦が展開されることになる。求められたのは、徹底した低価格と利便性だった。それまでのビジネスモデルが機能不全を起こす一方で、新しいビジネ

『組織は戦略に従う』
アルフレッド・D・チャンドラーJr. 著／有賀裕子訳
（ダイヤモンド社／2004年刊）

スモデルが登場し、業界地図が塗り替えられてゆくことになる。

　1920年代に栄華を誇っていたのは、チェーンストアのA&P（Great Atlantic and Pacific Tea Company）だった。「エコノミー・ストア」をうたい文句に、1人で運営する小規模な食料品・雑貨店を展開することで廉価販売を可能にした。20年代の終わりには1万5000店を展開し、食品小売業のトップに君臨していたのだ。

　しかし、大恐慌になった途端に、A&Pの牙城は崩れ去る。新しい業態であるスーパーマーケットに、シェアを奪われてしまったのだ。

　最初のスーパーマーケットとされるのが、1930年にマイケル・カレンがオープンさせた「キング・カレン」だ。ニューヨーク州ロングアイランド郊外の質素な空き倉庫を店舗とし、大きな駐車場を確保した。空き箱の上に商品を山積みにするという陳列方法を採り、セルフサービスを基本としたことで、人件費を削減したキング・カレン。その宣伝文句は「世界最大の価格破壊者」で、徹底した安売り攻勢が多くの消費者を引きつけた。

　キング・カレンの成功をきっかけに他社も参入、スーパーマーケットが急増してゆく。1934年には94店舗に過ぎなかったスーパーマーケットは、2年後には1200店舗へと急拡大している。こうした大きな潮流の中、利便性や規模、価格

「アメリカにおけるスーパーマーケットのトレーディングアップ過程」

青木均（愛知学院大学産業研究所所報「地域分析」51巻2号＝2013年3月）

「組織のゆらぎと自己組織化」

長谷川光圀（「山口経済学雑誌」48巻3号＝2000年5月）

競争力などで太刀打ちできなかったA＆Pは、瞬く間にシェアを奪われてしまったのだ。

大恐慌でも揺るがない長期戦略

大恐慌によって小売業の地図が書き換えられる中、シアーズ・ローバックの業績も大幅に悪化した。ピークだった1929年、売上高は4億3477万ドル、純利益（税引き後）は3006万ドルに達していた。これが32年には、売上高が2億7108万ドルと3割以上の激減となり、純利益は254万ドルの赤字に転落してしまったのである。

ウッド将軍危うし……と思われたが、シアーズ・ローバックの業績は、ここからV字回復する。赤字になったのはこの年だけで、不況が依然として続いていた1936年の売上高は4億9497万ドル、純利益は3066万ドルと、それまでのピークだった29年の水準を突破した。その後も業績拡大は続き、39年の売り上げが6億1741億ドル、純利益は3725万ドルと、大きな成長を遂げたのだ。

大恐慌の中でも売り上げを伸ばすことができたのは、大恐慌の前からウッドが打ち

『シアーズ=ローバック─流通企業のイノベーター』
鳥羽欽一郎著
（東洋経済新報社／1969年）

出していた戦略が的を射ていたからだ。

ウッドは自動車の普及を早くから予測していた。そして、キング・カレンがスーパーマーケットを生み出す前から、地価の安い郊外に大きな駐車場を備えた大規模な店舗を展開していた。品揃えも自動車を使った来店を意識したもので、冷蔵庫や洗濯機など大型の家電製品を前面に押し出した。いわゆる郊外型の大型量販店チェーンを生み出したのがウッドであり、イノベーションと呼ぶべき「発明」だった。

目玉商品となった大型家電についてウッドは、メーカーと資本提携するなどして、独自の調達を試みた。いわゆる「自社ブランド」の先駆けだ。

ウッドは「商品テスト」の先駆者でもあった。シアーズ・ローバックでは、早くから「商品研究所」が設立され、自社が取り扱う商品の耐久性や安全性などについてテストを実施していたが、ウッドが入社した頃には閉鎖状態になっていた。

商品テストの重要性を認識していたウッドは、商品研究所を復活させて、商品の品質向上を図ると同時に、新商品開発の役割も与えた。商品テストの過程で把握した消費者のニーズを商品化しようとするもので、商品研究所には、一攫千金を狙ったアマチュア発明家からも様々なアイデアが寄せられ、開発に弾みが付いたという。消費者が求めるものを徹底的に追及するのが商品テストの目的であり、流通・小売業でこう

「シアーズ・ローバックの成長過程（1930～45年）」
中野安（大阪市立大学「季刊経済研究」＝1986年6月）

「食品スーパーとリベート規制：A&P社の事例を中心として」
山口一臣（「成城大学経済研究」133号＝1996年7月）

した取り組みを本格化させたのは、ウッドが初めてだった。

こうした先進的な経営戦略の大半が、大恐慌前の１９２０年代後半に打ち出されていた。モータリゼーションの進展をはじめ、ウッドが予測した社会の変化は普遍的で、大恐慌によって覆ったり、滞ったりするようなものではなかった。的確な予測に基づくウッドの施策は、大恐慌の中でも着実に成果を上げていったのである。

攻めの大リストラ

にもかかわらず、１９３２年にシアーズ・ローバックが赤字に転落したのは、価格競争力の劣るカタログ通販部門と、品揃えや立地に問題があった中規模店舗、そして本業と関連の薄い住宅部門の不振にあった。ウッドのイノベーションが生み出した大規模店舗の赤字幅はごく僅かで、概ね採算が維持されていたのである。

足を引っ張っていた不採算部門に対して、ウッドは大規模なリストラを断行した。中規模店舗の閉鎖を一気に進めると同時に、ピーク時には2万５０００人余りの人員がいたカタログ通販部門を、32年までに1万６０００人に削減する。住宅部門については、撤退の決断を下した。

一方で、大型店については新規出店を加速させた。業績がどん底であった1932年もアクセルを踏み続けた。将来性が高い上に、採算も良く、大恐慌で建築費などが大幅に低下したことを好機と判断したからだ。

ウッドのリストラは、「攻めのリストラ」だった。コスト削減だけが目的のリストラは、縮小均衡をもたらすに過ぎない。しかし、ウッドのリストラは、すでに成功を収めつつあった戦略の効果を、最大限に発揮させる拡大均衡を目指したものだった。不採算部門から撤退し、優位性を持つ部門に経営資源を集中させる。これこそが本当の事業再編であり、その効果はすぐに現れた。

シアーズ・ローバックが赤字に転落した翌年、小売店舗部門もカタログ通販部門も黒字に転換し、全体で1125万ドルの黒字を出した。この時、大恐慌は最も深刻な時期にさしかかっていた。困難な経営環境が続く中、ウッドの迅速で的確な経営判断によって、シアーズ・ローバックは、再成長へと力強い一歩を踏み出していたのである。

新たな武器となった保険事業

ウッドは大恐慌の中にあって、新規事業にも挑んでいる。自動車保険業への参入だ。きっかけとなったのは、列車内で交わした何気ない会話だったという。大恐慌が始まった直後の1930年、ウッドは通勤列車で一緒にトランプ遊びをしていた友人のカール・オデルという保険ブローカーから「自動車保険を通信販売にしてはどうか?」と持ちかけられる。興味を感じて調べてみると、代理店を通さないことで、コストを大幅に下げられることが分かった。

大恐慌の直撃を受けて、売り上げが急落していた時期であり、新規事業への参入には反対する声も多かったが、ウッドは1931年4月に自動車保険会社「オールステイト保険会社」を立ち上げる。社長にはこの話を持ち込んだオデルが就任した。

ウッドは後に、シアーズ・ローバックにおける自らの最大の功績は、不況まっただなかの31年に、オールステイト保険会社を創設したことだと振り返っている。

流通・小売業のシアーズ・ローバックと自動車保険業。意外に思われるこの組み合わせだが、自動車関連商品は主力商品のひとつで、タイヤの直販では業界トップに立つなど、高い評価を得ていた。そのブランド名が「オールステイト」であり、同じ名前の自動車保険は、保険料の安さも手伝って顧客の心をつかむ。「出足は遅かったが、31年当時でも赤字にはならなかった」と、語ったというウッド。保険業は大恐慌によって落ち込んだ本業である小売業を補うだけでなく、シアーズ・ローバックの中核ビジネスへと成長し、86年には小売店舗部門を上回る利益を計上するのである。

大恐慌に見舞われても、動じることがなかったウッド。1954年にウッドが退任した後も成長を続けたシアーズ・ローバックは、全米トップの巨大流通小売企業になった。その栄華の象徴が、73年にシカゴに建設された本社ビル「シアーズ・タワー」だ。110階建て442メートル、96年にクアラルンプールの「ペトロナス・ツイン・タワー」に抜かれるまで、世界一の高さを誇っていたのである。

勝利の本質

骨太の戦略を柔軟に遂行する

大恐慌の影響をとりわけ深く受けていた小売業。その中でウッドを勝利に導いたのは、卓越した戦略と戦術、そしてリーダーシップだった。

大局を捉えた戦略と発想豊かな戦術

「ビジネスはある意味で戦争に似ている。おおもとの戦略さえ正しければ、その企業は戦術面でどれだけ失敗しようとも、繁栄を享受できるのだ」

経営学者アルフレッド・チャンドラーが書き残したウッドの言葉だ。いかにも軍人らしい。「戦略」とは目的を達成するためのグランドデザインで、これを実現するための具体的な手段が「戦術」となる。ウッドは小売ビジネスで成功するための戦略を大恐慌の前から構築し、それを実行するための戦術も整えていたのだ。

ウッドの戦略には大局観があり、「消費者ファースト」という基本姿勢が貫かれていた。時代の大きな流れを捉え、消費者の目線に立ち、求められるものを提供してゆく。シンプルなことだが、これを実現できれば、経済状況に関係なく、いつの時代にあっても小売業界を制することができるだろう。

こうして生まれたのが、モータリゼーションを追い風に、これまでに小売店がなかった郊外に大型量販店を展開するという戦略だった。これを実現するための戦術において、ウッドの発想は豊かだった。自社ブランドや商品テストといった先進的なアイデアは、21

世紀の今にも引き継がれている。

経営学の大家P・F・ドラッカーは、『現代の経営』にこう記す。

「まったくのところ、シアーズの行ったイノベーションがいかに重大なものであって、いかにアメリカ人の買い物の習慣を変え、いかにアメリカの町の外観を変えたか……今日、小売りのイノベーションとして喧伝されている郊外のショッピングセンターも、実は一九三〇年代にシアーズが発展させたコンセプトの延長にすぎなかった」

「シアーズが、大恐慌、第二次世界大戦、そして戦後の好況期を通じ、一貫して売上げと利益を増大させてきた原因は、それらのイノベーションにあった」

ドラッカーはウッドを極めて高く評価しているのである。

ウッドの戦略、戦術の土台には、軍隊時代の兵站業務の経験があるのだろう。前線で戦う兵士が何を求めているのか、何をどう提供することが戦力アップにつながるのか、そして、それらをいかに調達するのか……。戦場で兵士に向けた関心を、大恐慌という困難な戦況の中で消費者に向け、「ウッド将軍」は鮮やかな兵站戦略を展開したのであった。

状況を的確に捉えた優れた戦略と、それを実現する豊かな戦術があれば、どんな敵でも恐れるに足らない。大恐慌という戦況の激変が起こっても、ウッドが打ち出していた「おおもとの戦略」は盤石だった。だからこそ、不採算部門からの撤退と採算部門の拡大というシンプルな「戦術の変更」だけで、シアーズ・ローバックはV字回復を達成できた。これが大恐慌を撃退したウッドの「勝利の本質」だったのである。

強固で柔軟なリーダーシップ

「将軍」という呼び名が象徴するように、ウッドは強い信念の持ち主だった。最初に仕事をしたモンゴメリー・ウォードでは、小売店舗展開を強く主張し、これが受け入れられないと分かると、あっさりと退社してしまった。転職先のシアーズ・ローバックでも、小売店舗の展開を主張するウッドは、既存のビジネスモデルに慣れ親しんできた他の経営陣の強い反対に遭う。しかし、ウッドは少しずつ小売店の出店を始め、少しずつ成果を積み上げ、最後に全面展開させることに成功した。

しかし、ウッドは決して独断専行型の経営者ではなかった。自らの戦略の進捗を絶えずチェックし、時には第三者の意見も取り入れ、戦術を見直すこともあった。

急ピッチの店舗拡大が成果を上げていた1929年5月、ウッドは突如として新規出店を凍結する。その理由は小売店舗部門とカタログ通販部門の対立にあった。カタログ通販業者としてスタートした会社であったことから、商品の仕入れや配送などはカタログ通販部門が担っていた。しかし、小売店舗部門とカタログ通販部門では、求められる商品の種類や供給方法が異なる上に、販売方法にも大きな違いがある。小売店舗部門からは、カタログ通販部門主導に対する不満が高まり、人事面での対立も発生するなど、両者の溝は深まるばかりだった。また、店舗拡大のペースがあまりに早く、これをコントロールする組織整備も人材確保も追いついていなかった。

こうした状況が業績に悪影響を与えると判断したウッドは、小売店舗の出店を一時凍結すると同時に、外部の有識者を集めた組織改革委員会を立ち上げて、組織の抜本的な見直しに着手した。

組織改革委員会の提言を受けたウッドは、仕入れなどを担当する商品部を、カタログ通販部門と小売店舗部門で分離したり、店舗部門に社長直轄の地域支社長を任命したりすることで、組織の効率化を図った。新しい組織がスタートしたのは1930年2月。窮地に陥ってから慌てて対策を練るのではなく、絶頂期にあっても絶えず状況をチェックしたウッドは、万全の態勢で大恐慌と対峙することになったのだ。

大恐慌下で経営環境が激変したにもかかわらず、それまでの成功体験にこだわり、苦境を招いた経営者は多い。その一例がスーパーマーケットにシェアを奪われつつあった業界トップのA&P。創業家のジョージ・L・ハートフォードは業態転換に抵抗した。「われわれは時代の変化にあわせてわれわれの事業を適合すべきでない。それは基盤を失う結果となる」のだと。この結果、A&Pのシェアは激減し、築き上げてきた牙城が崩れ去ってしまったのだった。

ウッドは「将軍」ではあったが、「独裁者」ではなかった。その優れたバランス感覚も、「勝利の本質」であったといえるだろう。


ウッドが会長職を去った1954年以降も、成長を続けたシアーズ・ローバックは、世界一の流通小売業となった。しかし、その象徴だったシアーズ・タワーが竣工した73年頃から、次第に勢いを失ってゆく。

2005年、業績悪化が進む中で投資ファンドの傘下に入り、生き残りを図ったシアーズ・ローバック。しかし、経営の舵取りを始めた投資ファンドは実効性のある戦略、戦術を打ち出せず、これによってシアーズ・ローバックの凋落は加速する。

2018年10月、シアーズ・ローバックを傘下に持つシアーズ・ホールディングスは、日本の民事再生法に相当する連邦破産法11条の適用を申請して経営破綻した。アマゾンをはじめとしたネット通販の新興勢力に対抗できなかったのが最大の要因だったとされる。栄華の象徴だったシアーズ・タワーも売却され、現在は「ウィリス・タワー」とその名を変えている。

流通業界は複雑怪奇な「暗黒大陸」

流通業界を「暗黒の大陸」と呼んだのはドラッカーだ。「今日われわれは、ナポレオンと同時代の人びとがアフリカ大陸の内部について知っていた程度しか、流通機構について知らない」と、ドラッカーはいう。商品を人びとに届けるという重要な役割を担っているものの、「物質的にはほとんど何ものもつけ加えない」のが流通であり、「流通機構が存在すること、そして、それが巨大なものであることは知っている」だけだというのだ。

流通・小売業は百貨店からスーパー、コンビニ、町の小さな雑貨店から、全世界をカバーするネット通販など、その規模も形態も営業範囲も多種多様で、全体像を把握するのが極めて困難だ。また、製造業などに比べてコスト管理が難しく、目に見える

「経済の暗黒大陸」
「中央公論」1962年8月号

形での技術革新もしにくいことから、適切な戦略・戦術を立てるのは容易ではない。暗黒の大陸が大恐慌に覆われるという、さらに混乱した状況の中で、ロバート・ウッドは見事な勝利を収めた。「将軍」のリーダーシップと優れた戦略・戦術は、一企業の盛衰を超えて輝きを放ち続けているのである。

＊　＊　＊

1930年代、アメリカの不況を深刻化させたのは、人々の恐怖心だった。大恐慌という得体の知れない怪物に恐れおののいた人々は戦意を失い、守りに入った。これが怪物を勢いづかせることになった。

人々から戦意を奪ったのは、大恐慌がアメリカ全土を覆うものであったからだろう。もしも、経済的な苦境に陥っているのが自分だけなら、「私のどこが悪いのか……」と問題点を探り、打開策を模索しようとするのではないか。しかし、自分ばかりでなく、ほとんどすべての国民が苦境に陥っている異常事態となると、「努力しても仕方ないことだ」「私だけが悪いのではない」「悪いのは政府じゃないか」などと、思考停止と責任転嫁が始まってしまう。こうして戦闘意欲を失った人々は、救いの手が差し伸べられるのを待つばかりとなる。

『顧客の創造と流通　ドラッカー経営学の視点から』
三浦一郎、白珍尚編著
（高菅出版／2010年刊）

これが経済の縮小均衡、さらには負のスパイラルにつながる。大恐慌という怪物にとって、恐怖心はエネルギー源であり、これによってさらなる巨大化が可能となる。

だが、本章で紹介した5人の事業家たちは、この怪物を恐れなかった。コンラッド・ヒルトンとポール・ゲティは、大恐慌のどん底にコストパフォーマンスの高い投資のチャンスを見いだした。デビッド・セルズニックとウォルト・ディズニーは、居場所を失った有能なクリエイターに活躍の場を与え、映像表現に新しい地平を開いた。その姿に勇気づけられた他の映画人たちが2人の後に続いたことで、映画業界はいち早く大恐慌から抜け出すことができたのだ。

恐慌によっても揺らぐことない、モータリゼーションという時代の流れを捉えていたロバート・ウッドは、短期間劣勢に立たされただけで、すぐに態勢を立て直して、勝利をものにしている。

彼らは戦意を失わなかった。絶望的に見える戦況にもチャンスは見いだせる。守りに入る者が多数であるからこそ、競争相手は少なく、チャンスも少なからず転がっているのだ。

今後訪れる経済危機においても、あらゆる側面において、状況が絶望的ということはないはずだ。人々の恐怖こそ、危機を太らせるエネルギー源である。それを忘れてはならない。

『現代の経営』（上下巻）
P・F・ドラッカー著／上田惇生訳
（ダイヤモンド社／2006年刊）

COLUMN 2

大恐慌が生んだヒット商品

危機の中にもチャンスはある。この視点から、大恐慌期に生まれたヒット商品を振り返ってみよう。

① 安価で便利な食品

消費マインドが冷え込んでも、人は食べなくては生きていけない。大恐慌期には、技術革新の後押しを受け、ただ安いだけではなく、便利でコストパフォーマンスの高い食品が人気を集めた。これらはスーパーマーケットという新しい小売りの形と親和性が高く、相乗効果で市場を拡大させていった。

●缶詰

栄養価が高く、調理が簡単で保存も利く缶詰は、価格も手頃。この時期には技術革新を受け、フルーツカクテルなど、従来にはなかった様々な食品の缶詰が売り出され、大ヒットとなった。これを受けて需要が高まったのが「ブリキ板」などの薄型圧延鋼。重工業部門の需要低迷で苦境に陥った鉄鋼業の中で、この分野が唯一成長を見せたのは、缶詰人気によるものだった。

● **冷凍食品**

缶詰と同じ理由から、冷凍食品も人気を集めた。肉や魚、野菜や果物など様々な冷凍食品が市場に投入され、インフラ整備も進んだ。冷凍設備を持つ小売店は、1933年には全米で500店ほどだったが、30年代の終わりには1万5000店までに急増している。

● **ファミリーサイズのパンやクラッカー**

従来は量り売りされていた商品が、包装技術の発達から大容量で売られるようになり、需要が拡大した。これに伴って、オーブンやスライサー機器などの技術革新も促されることとなった。

●フルーツジュース

1935年にフルーツジュースの瞬間低温殺菌技術が開発され、トラック輸送が進んだことも手伝って、ソフトドリンク市場が拡大した。32年に1・2億ドルだったソフトドリンクの生産額は、38年には3・1億ドルになるまでの急激な増加を見せている。

②手頃な娯楽

経済が危機的な状況にあっても、人間は娯楽を求める。規模を小さくする代わりに、従来よりもコストを抑えた娯楽が人気を集めた。

●ベビーゴルフ

現代のパターゴルフの原型で、小さな敷地に綿の実を使った人工芝を敷き、パターで打ったボールを排水管の間に通したり、小さなブリッジを越えさせたりしてプレーを楽しむというもの。手軽さが受けて大人気となり、全米に広がっていった。

●ソフトボール

アメリカの国民的なスポーツである野球に代わり、少し規模を小さくしたソフトボールが、大恐慌が始まるとともに広がりを見せた。1939年には全米に50万ものチームがあり、500万人以上の人々がプレーしていたという。女子を含むセミプロ球団が生まれて、ワールド・シリーズまで行われた。この時期に人気を博した「手軽なスポーツ」には、ほかに自転車やローラースケートがある。

●小型カメラ

手軽な趣味として写真が人気となり、小型カメラの売り上げが大きく伸びた。年間売り上げは、1935年からの2年間で、500万ドル弱から1250万ドルへと跳ね上がる。この写真人気を受け、世界的な権威を持つ写真誌「ライフ」の他、「ルック」や「U・S・カメラ」などの写真誌も相次いで創刊されている。

③ 夢を見られる娯楽

経済的に苦しい時期だからこそ、大金持ちに憧れる。ひとときでも大金持ちになる夢を見たり、大金持ちになった気分を味わえたりするような娯楽に、人々は魅せられた。

●ギャンブル

恐慌下でとりわけ人気を博したギャンブルが「アイルランド式富くじ競馬」。アイルランドの慈善団体が始めたもので、一時は40万人以上の人々が購入したとされる。「門番や失業中の料理人の驚きわななく手に、15万ドルという大金が転がり込んだ」という噂話が、一攫千金を夢見る人々を魅了した。

現金や賞品が当たるビンゴゲームが広がったのもこの頃のこと。もともとは教会が資金集めのために行っていたものが、劇場や映画館などでも盛んに行われるようになった。

ジャーナリストのF・L・アレンは、著書『シンス・イエスタデイ』の中で、1938年のギャラップ世論調査を引用し、「アメリカ国民の29％は教会富くじ（ビンゴ・パーティを含む）を買い、26％はパンチボードをやり、23％はスロットマシーンに熱中し、21％は賭けトランプにうつつをぬかし、19％は選挙に賭け、13％は富くじ競馬をやり、10％は普通の競馬をし、残る9％もその他さまざまなゲームにふけった」と、大恐慌下でのギャンブル熱を描いている。

●**高級男性誌「エスクァイア」**

現代も発行が続く男性誌「エスクァイア」、その創刊は1933年のことだった。表紙には水上飛行機やカヤックを楽しむ男性たちが描かれ、「アート・オブ・リビング」「ニュー・レジャー」をコンセプトにしたリッチな内容となっている。アーネスト・ヘミングウェイが短編を書き下ろし、天才ゴルファーのボビー・ジョーンズが「パットの芸術」を書くなど執筆陣も豪華で、全体の3割がカラーページだったエスクァイア。価格は敢えて高めに設定されたが、大恐慌の中で、ひとときの夢を追い求める男性諸氏の心を捉えて、大ヒットとなった。当初は季刊だったがすぐに月刊となり、創刊1年後には18万4000部、35年には74万部にまで売り上げを伸ばしたのだった。

●**モノポリー**

ボードゲームのモノポリーも、大恐慌の中で生まれた。不動産を取得して家やホテルを建設し、地代などを徴収して相手を潰し、全ての資産を独占(モノポリー)した人が勝ちというもので、大富豪になるまでのプロセスを体験できる。

現代でも世界大会が開かれるほどの人気を誇っているが、その「生みの親」とされているのがチャールズ・B・ダロウ。大恐慌で失業したダロウが、暇つぶしに考え出したゲームがモノポリーで、ゲームメーカーに売り込んだところ、高額で権利を買い取ってもらえたという。

失業者だったダロウは一転して大金持ちになり、46歳で引退した後は、世界各地を旅行したり、映画を作ったり、珍種の蘭を収集したりと、悠々自適の後半生を送ったという。

第3章

[政治編]

ケインズ政策の誕生と副作用

INTRO-DUCTION
[序論]

日本とドイツが先行した「独学ケインジアン」の誕生

大恐慌は、経済に発生する最も深刻な「病」だ。経済活動が低下して「体重」に相当するGNP(国民総生産)が急減し、「体温」や「血圧」である物価や株価も急低下、動きが緩慢になり、倒産や失業という「壊死」が広がってゆく。

1929年10月のニューヨーク株式市場大暴落に始まった大恐慌は、瞬く間に全世界に広がった。健康で溌剌とした20年代を送っていたアメリカ経済は、突然倒れ込んだ。29年から33年の間にGNPはほぼ半減。4人に1人が職を失う瀕死の状態に陥ったのだ。

アメリカに先んじてV字回復した日独

大恐慌が飛び火した時、日本経済はすでに病床にあった。アメリカとは対照的に、日本の1920年代は戦後恐慌と関東大震災、そして昭和金融恐慌と、病気やケガとの戦いに明け暮れるような歳月であった。そこに大恐慌から派生した「昭和恐慌」という新たな「病」に感染した。29年に165億円だったGNPは、2年後に133億円と2割近く減少するなど、日本経済の病状は深刻さを増すことになる。

ドイツの病状はさらに深刻だった。第一次世界大戦に敗れたドイツには、巨額の戦後賠償が課せられ、ハイパーインフレで経済が崩壊してしまった。それでも勤勉な国民性を発揮することで、復興を軌道に乗せようとしていた矢先に、大恐慌が襲いかかったのだ。ドイツ経済は再び沈み、1929年に734億マルクだった国民所得は、32年に452億マルクと4割近い落ち込みとなった。失業者はこの年の2月に613万人と、労働者の3人に1人が職を失うという、アメリカ以上に深刻な病状に陥ってしまうのである。

しかし、大恐慌は「不治の病」ではなかった。どんな経済危機にも必ず終わりがあることは、経済の歴史が示している。この大恐慌も最終的には克服されることになるが、その時期には国ごとに差があった。

「感染源」だったアメリカが、大恐慌を克服したのは1940年。この年のGNPは1066億ドルと、大恐慌前の水準を回復した。治療に10年を要したことになる。

これに対して、日本の回復は早かった。1932年を底にして景気はV字回復となり、34年のGNPは170億円と、昭和恐慌前の165億円を突破した。治療に要した期間は5年と、アメリカの半分であった。

ドイツが大恐慌を克服したのは1937年のこと。この年の国民所得は738億マルクと大恐慌前の水準を超え、600万人を超えていた失業者も91万人にまで激減し、事実上の完全雇用を達成している。この時、日本はすでに病を克服していたが、アメリカは依然として病床に伏していたのである。

明暗を分けた治療方針

大恐慌を克服するまでの時間の差は、経済政策の違いにあった。大恐慌という病を治療する「医者」の役割を担うのが政府だ。その治療法である経済政策の差が、大恐慌の治療期間を左右したのである。

経済危機に対する治療法には大きく分けて2つの種類がある。「自由放任型治療」と「ケインズ型治療」だ。

自由放任型治療は、経済の「自然治癒力」を重視する。当時の経済学は18世紀の経済学者のアダム・スミスを元祖とする「古典派経済学」が主流だった。経済は「見えざる手」によって、自動的に最適な状態に導かれる。従って、医者である政府は余計な治療はせず、患者が自然治癒力を発揮できるように環境を整えるだけで十分と考えるのだ。政府の関与を最小限にとどめる「小さな政府」を指向するのが、自由放任型治療なのである。

これに対してケインズ型治療は、政府に積極的な治療を求める。経済の自然治癒力には限界があり、自由放任型治療では回復は望めない。政府という医者は、考えられる限りの治療を施すべきであり、治療費が不足する場合には、国債発行など借金でまかなう必要があるというのだ。

提唱した経済学者ジョン・メイナード・ケインズは、大恐慌の原因が需要不足にあるとした。需要が不足したために、供給力に余剰が発生した結果、生産が落ち込んで、失業が発生しているというのである。

ケインズに従えば、大恐慌は経済の「拒食症」と考えることができる。需要という「食欲」が落ち込んだために、「食べ物」が売れない供給過多に陥り、生産者が失業している。この結果、経済が痩せ細り、瀕死の状態に陥っているというわけだ。

治療法は単純で、需要を喚起させればよいだけだと、ケインズは考えた。公共事業などの財政支出を増やしたり、減税をしたりすることで、需要を意図的に作り出す。これによって発生した需要は、様々な分野に連鎖的に波及する「乗数効果」を生む。

政府が勝手に食べ物を注文して、強引に食べさせる。これが呼び水となって、食欲が戻れば、体重が増え、体温も血圧も上がり、壊死していた部分も再生され、大恐慌という病は克服されるというわけだ。

ケインズ型治療の実践と「副作用」

ケインズ型治療は後に経済危機に対する「標準治療」となったが、それが理論化された『雇用・利子および貨幣の一般理論』が出版されたのは1936年のこと。大恐慌が始まった時点では、まだ確立されていなかった。

ところが、ケインズに先んじて、ケインズ型治療を実践した政治家がいた。彼らはいわば独学で、ケインズ型治療の本質と実践を体得したのである。

最も早く大恐慌から抜け出した日本で、治療に当たったのは高橋是清だ。大恐慌はもちろん、それに先立つ昭和金融恐慌でも、鮮やかな治療の腕を見せていた是清。大恐慌に対しては、ケインズ型治療を先取りした経済対策を打ち出し、驚くほどの早さ

で日本経済を回復させた。（Case 10）

絶望的な状況にあったドイツを救ったのは、アドルフ・ヒトラーだった。悪名高い独裁者だが、大恐慌の初期治療においては優れた経済政策を打ち出している。ケインズ型治療を先取りしただけでなく、その効果が最大限に発揮されるよう、巧みな経済政策を展開している。これによって、ドイツ経済は立ち直り、ヒトラーは大恐慌を完治させた「名医」として、国民の絶賛を浴びるのである。（Case 11）

感染源のアメリカでは、ハーバート・フーヴァー（第31代）とフランクリン・ルーズベルト（第32代）の2人の大統領が立ち向かった。フーヴァーは自由放任型治療で臨んだことで、大恐慌を悪化させてしまう。後を継いだルーズベルトは、ケインズ型治療に転換、ニューディール政策を推し進めた。しかし、ルーズベルトの治療が効果を上げるまでには時間がかかった。それに加えて完治まであと一歩というところで、ルーズベルトが突如としてケインズ型治療を中断、これによって景気を再失速させてしまったのだ。（Case 12）

最終的には時期の違いはあっても、ルーズベルトを含めて3カ国の政治家は大恐慌治療に成功した。ところが、その先に待っていたのが、深刻な「副作用」だった。それによって、人々は大恐慌を遥かに超える苦しみを味わうことになるのである。

CASE
10

高橋是清
世界大恐慌を最初に克服した大蔵大臣

1929年にアメリカから始まった大恐慌は、日本にも容赦なく襲いかかってきた。しかも日本は、この時すでに疲弊していた。アメリカが「黄金の20年代」と呼ばれた好景気を謳歌したのとは対照的に、日本は「暗黒の20年代」とも呼べる苦境を経験していた。2度の恐慌に関東大震災が加わって、経済は疲弊し切っていたのだ。

最初の恐慌は1920年に起こった「戦後恐慌」だ。第一次世界大戦の軍需で大いに潤った日本は戦争が終結すると、その反動で深刻な不況に陥った。その後、政府と日本銀行が打ち出した経済対策で立ち直る兆しが見えていたところに1923年9月1日、今度は関東大震災という未曾有の大災害に襲われる。その傷が癒えない中、今度は1927年、「昭和金融恐慌」に襲われる。

さらにダメ押しのように襲いかかったのが1929年に始まる大恐慌であった。日本では「昭和恐慌」と呼ばれるようになったこの不況は、戦後恐慌や昭和金融恐慌を超えるものとなった。

恐慌の連打で衰弱し切った日本経済。その治療を委ねられたのが高橋是清だった。

1931年12月11日、若槻礼二郎内閣が総辞職。後継となった犬養毅は、その足で是清を訪ねて、日本経済の立て直しを依頼した。この時、是清は77歳。すでに3度も大蔵大臣を務めてきたのみならず、日本銀行総裁、さらには総理大臣まで歴任してきた。戦後恐慌にも昭和金融恐慌にも、最前線で対処してきた是清は、引退して当然の年齢であったが、4度目となる蔵相就任を受け入れる。そして昭和恐慌という、それまで以上に困難な病に立ち向かうことになったのである。

波乱に富んだ半生

高橋是清は1854年閏7月27日、江戸に生まれた。父親の川村庄右衛門は幕府の絵師だったが、生後間もなく足軽の高橋覚治の養子になる。

1864年に横浜に出た是清は、ローマ字の「ヘボン式」を考案したことで知られる医師で宣教師のジェームズ・ヘボンの私塾（現・明治学院大学）で英語を学び始める。

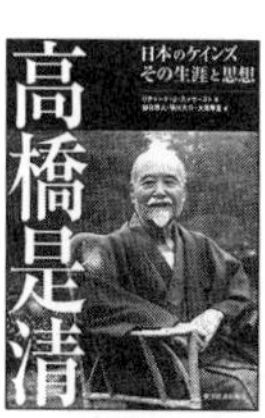

『高橋是清 ―日本のケインズ その生涯と思想』
リチャード・J・スメサースト著／鎮目雅人、早川大介、大貫摩里訳
（東洋経済新報社／2010年刊）

13歳になった時、是清に大きなチャンスが訪れた。アメリカ行きである。勝海舟が長男をアメリカ留学させることになり、その一行の中に紛れ込んだのだ。

ここから波瀾万丈の日々が始まる。1867年7月、是清はアメリカ・サンフランシスコに向けて旅立った。しかし、アメリカ生活は大変なものとなった。ホームステイ先を転々とし、英語が分からないまま労働契約書にサインしたことで、奴隷のような強制労働をさせられる事態となる。このような過酷な状況を通して、高い英語力を身に付けていった是清。68年12月、労働契約書を破棄することに成功し、1年半ぶりに日本に戻ってきた。

帰国後は、英語力を買われて東京英語学校（後の東京外国語大学）などで教鞭を執った後、文部省や農商務省の官僚となり、商標登録所（後の特許庁）が設けられると、初代の所長に就任した。順調に官僚としてのキャリアを積んでいた是清だったが、1889年、突如としてペルーに赴いた。未採掘の銀鉱があるので掘ってみないかと誘われたのだ。ところが未採掘というのはウソで、銀鉱は掘り尽くされており、事業は大失敗に終わった。

財産も信用も失った是清に、思わぬ再就職先が見つかった。日本銀行だ。といっても、銀行員としてではなく、本店の新築工事の現場監督としての採用だった。

『激動昭和の領袖（日本のリーダー13）』
第二アートセンター編
（TBSブリタニカ／1982年刊）

この時、本店の工事は予算不足と、工賃引き上げを求める石工たちのストライキで、大幅な遅れに悩まされていた。この状況を見た是清は、石工の親方たちに対して、期日前に仕上げれば報奨金を、遅れた場合には罰金を科すことで、工事のスピードアップを実現した。設計方針を巡って対立していた建築家の辰野金吾と日銀総裁の川田小一郎との間に入って妥協案を示したり、石材の調達方法を見直したりと、現場に即した対策を次々に打ち出していったことで工期の遅れを取り戻し、建設費も予算内に収めることができたのだった。

この実績を高く評価した川田総裁は、是清を正規職員として雇い入れ、下関に新設される西部支店の支店長に抜擢した。銀行家として新たなスタートを切った是清は目覚ましい活躍を見せ、１８９９年に副総裁にまで上り詰めるのである。

欧米の投資家から戦費調達

是清の名前を世界に知らしめたのが、日露戦争の戦費調達のための外債発行だった。東洋の小国が大国ロシアに勝てるはずはないと、欧米の投資家たちは是清を相手にしなかった。ところが是清は粘り強く交渉を続け、合計６回の外債発行にこぎつけ

『恐慌に立ち向かった男 高橋是清』
松元崇著
（中公文庫／2012年刊）

る。こうした功績が認められた是清は１９１１年、日銀総裁に就任するのである。

１９１３年、是清は政界に転身した。山本権兵衛内閣の大蔵大臣に任命されたのだ。18年には、原敬内閣で2度目となる大蔵大臣に就任した。その在職中の21年、原首相が暗殺されたことから、是清は大蔵大臣を兼務したまま第20代内閣総理大臣に就任する。この時に起こったのが戦後恐慌で、是清はその対応に奔走することになる。

高橋是清内閣は半年で倒れたが、是清の政治活動はその後も続く。財政手腕を買われ、昭和金融恐慌が起こった１９２７年には、その対応を託されて3度目の蔵相就任となる。そして31年、今度は世界恐慌のあおりを受け、昭和恐慌に沈んだ日本経済の立て直しのため、4度目の蔵相就任となった。是清は戦後恐慌と昭和金融恐慌、そして昭和恐慌という3つの恐慌に、蔵相として対処したのである。

恐慌との戦い① 戦後恐慌

是清の最初の恐慌との戦いは、１９１８年に就任した2度目の蔵相時代のことだった。20年から始まった戦後恐慌は、第一次世界大戦の軍需バブルがはじけたことが原因だった。3月15日に株式市場が暴落、これに伴って商品相場も暴落し、経営破綻する銀行も出た。経済の混乱は、軍需バブルで栄華を極めていた「船成金」たちも飲み込み、日本全体を覆う深刻な不況をもたらした。

　この時、原首相は軍事費を大幅に拡大させると同時に、産業振興や交通網の整備などに財政支出を拡大している最中で、是清もこれに従っていた。

恐慌が起きる前は、軍需バブルを抑制するため、緊縮財政と金利引き上げが必要だとする意見もあった。是清もその必要性を認識していたが、財政支出を絞ることによる景気の悪化と失業の増加を懸念し、ブレーキを踏むことをためらっていた。また、軍事費については是清に裁量権がなく、抑制することが困難な情勢にあった。

　しかし、これが軍需バブルをさらに拡大させ、結果として戦後恐慌の規模を大きくしてしまった。その対応に追われる中、是清は暗殺された原首相の後を受けて、蔵相を兼務したまま総理大臣に就任した。是清は財政支出の削減に転じて、ブレーキを踏もうとしたが手遅れだった。高橋是清内閣は不安定で求心力を欠き、１９２２年に総辞職に追い込まれる。是清と恐慌の初戦は途中で打ち切られた。しかし、戦後恐慌をコントロールしきれなかったことは確かであり、敗北であったと言わざるを得ない。

『随想録』
高橋是清著
（中公文庫／2018年刊）

恐慌との戦い②　昭和金融恐慌

是清と恐慌の第2戦、相手は昭和金融恐慌だった。1927年3月14日、片岡直温《なおはる》蔵相の「東京渡辺銀行が破綻しました」という失言をきっかけに、預金を引き出そうとする人が銀行に殺到。全国規模の取り付け騒ぎが発生し、銀行の連鎖倒産が起こった。若槻礼次郎内閣は総辞職に追い込まれ、代わって田中義一が総理大臣となった。

田中が未曽有の金融危機の収束を委ねたのが是清であった。同年4月20日、高橋是清は3度目となる大蔵大臣に就任する。

「私は当時既に74歳で、大正14年以来政界を隠退し、閑雲野鶴の身であったけれども……この国家の不幸を座視するに忍びない」

蔵相就任を受け入れた時の心境を、是清は後にこう記している。

しかし、その頭の中には、金融恐慌に対する処方箋がすでにできあがっていた。30～40日で一通り財界の安定策を立てることができると考えた是清。内閣の親任式や初閣議を終えたその日の夜から動き出した。日銀総裁や大蔵省幹部を自宅に呼び、頭の中にある処方箋を伝えた。まずすべての銀行を4月22日から3日間休業させる。これに続けて銀行に対し、金銭債務の支払いを一時的に猶予する「モラトリアム」を実施。これによって取り付け騒ぎを抑え込み、その間に経営危機にある銀行の支援策などを矢継ぎ早に打ち出し、金融不安を抜本的に解消しようというのである。

3日間とはいえ、全国の銀行をすべて完全に休業させるというのは、世界の金融史を振り返っても稀有の政策である。営業再開後に取り付けが再燃しないかといえば「神様以外に断言しうるものはない」と是清も認めた。「このサイコロの動きいかんによって財界の安否も内閣の運命も定まる」という背水の陣で向かったのだ。

是清の賭けは成功した。休業明けの25日、取り付け騒ぎはウソのように収まり、引き出した現金を再び預ける人々が現れる。休業に続くモラトリアム期間中に、是清は、金融危機を打開するための抜本策を盛り込んだ「日本銀行特別融通及損失補償法案」を成立させた。こうしてモラトリアムが明けた5月13日、全国の銀行は平穏そのもので、株式市場や商品市場も安定した動きとなった。昭和金融恐慌が収束したことを確認した是清は、6月2日に蔵相を辞任した。わずかに42日の在任期間であった。

恐慌との戦い③　昭和恐慌

高橋是清の3度目となる恐慌との戦いは、それまで以上の強敵が相手だった。昭和

『大蔵大臣 高橋是清─不況乗り切りの達人』
大石亨著
（マネジメント社／1992年刊）

金融恐慌の傷跡が残る中、アメリカ発の大恐慌が昭和恐慌となって襲ってきたのだ。

1929年に165億円だったGNP(国民総生産)は、31年には133億円と2割も減少し、主要銘柄の株価は26年6月から31年11月にかけてマイナス50・4%と半分になった。デフレ不況に陥り、企業の倒産や休業、賃金の不払いが続出し、失業率は8%を超え、250万もの人が職を失ってしまったのだ。

昭和恐慌に有効な対策が打てなかった若槻礼次郎首相は、1931年12月、辞任に追い込まれ、犬養毅が後任の首相に選出される。犬養が昭和恐慌の克服を委ねたのは、またしても是清であった。昭和金融恐慌を収束させ、のんびりと余生を送っていた是清を、犬養は首相に指名された当日に訪れ、「大蔵大臣を引き受けて一緒にやってくれ」と懇願した。77歳の是清は「健康の許す限りやろう」と快諾する。4度目の蔵相就任であり、3度目となる恐慌との戦いが始まった。

赤字国債も辞さず

是清の戦略は拡張的な財政・金融政策だった。まず、財政支出を急拡大させた。1931年度に14億7700万円だった一般会計の歳出額は、2年後の1933年度に22億５５００万円にまで膨張する。落ち込んでいた需要を、政府の財政支出で補い、景気回復の呼び水にしようとしたのだ。

財政支出の中核となったのが、軍事費と時局匡救《きょうきゅう》事業と呼ばれた公共事業。財源はいわゆる「赤字国債」に求めた。国債発行額は、１９３２年の２億円から翌年には12億１５００万円と6倍になったが、そのほとんどを日本銀行が買い取った。禁じ手とされる「日銀引き受け」だが、是清は緊急事態であるとして強行する。同時に低金利政策と円安誘導政策も展開するなど、あらゆる政策手段を総動員していった。

是清が昭和恐慌と戦い始めた翌年、蔵相就任を要請した犬養首相が暗殺される。五・一五事件だ。後任が決まるまで臨時総理大臣を務めた是清は、次の斎藤実内閣でも蔵相を続けることになった。

困難で不安定な政治・社会情勢の中、是清の昭和恐慌対策は驚異的な成果を収めた。ＧＮＰは１９３１年を大底にV字回復し、34年には１７０億円と、昭和恐慌前の１６５億円を突破した。その牽引役となったのが軍事費の増大で、これが関連する重化学工業などを刺激することで、急激な景気回復を可能にしたのだった。

就任時には41億６７００万円の赤字だった国際収支も劇的に改善し、１億３３００万円の黒字に転換した。景気の回復に伴って、「大学は出たけれど」と

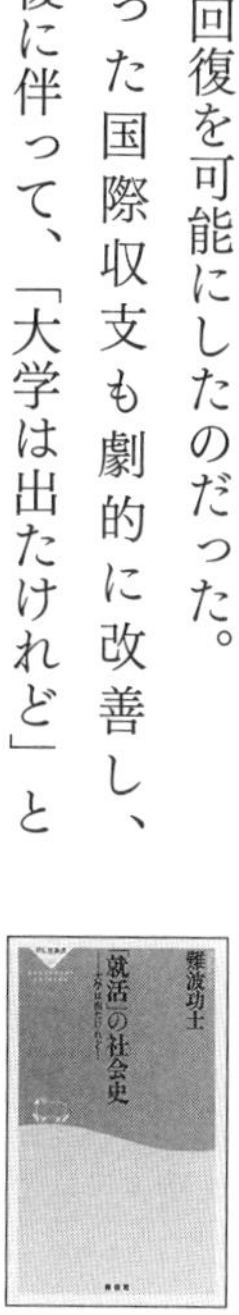

『「就活」の社会史─大学は出たけれど…』
難波功士著
（祥伝社新書／2014年刊）

言われた就職難も消え去った。「引っ張りだこの就職景気――春風に乗って校門を出る」という記事を掲載したのは、1934年3月18日の「サンデー毎日」。採用試験の解禁日は無視され、「青田買い」が横行するようになっていたのだ。

この時、アメリカはルーズベルト大統領がニューディール政策を始めたばかりで、依然として大恐慌に喘いでいた。ドイツも未だ大量の失業者を抱え、深刻な経済状況にあった。列強たちの苦境を横目に、日本は世界の主要国の中で、どこよりも早く大恐慌を克服した。

是清は3度目となる恐慌との戦いに、圧倒的な勝利を収めたのだった。

勝利の本質

ケインズ型を先取りした経済政策

高橋是清は昭和金融恐慌と昭和恐慌という難病を、たちどころに治した「名医」だった。金融・財政の分野で多くの経験を積み、欧米の投資家相手に困難な外債の発行を成功させるなど、国際的な視野を持ち、知識も豊富だった是清。その知見を最大限に生かした治療法（経済政策）は、大胆かつ画期的であったことから、政治的な抵抗に直面することもあった。しかし、政治家としての信念と交渉力も兼ね備えていた是清は、自らの信じる治療を断行することで、日本経済を救ったのである。

昭和金融恐慌を治療した「緊急手術」

昭和金融恐慌は、「東京渡辺銀行が破綻しました」という蔵相の失言から幕を開けた。「金融恐慌」が普通の恐慌と違うのは、「経済の血液」であるマネーを供給する銀行システムが、突然機能停止に陥るという緊急性の高さだ。血液を送り出す「ポンプ」である銀行が連鎖的に機能不全に陥り、マネーの供給が極端に細る。不安心理の高まりが起こす取り付け騒ぎは、マネーが銀行システムから流出する「出血」のようなもので、これがさらに事態を悪化させてしまうのだ。

金融恐慌がもたらす危機の治療の成否は、銀行システムの再生にかかってくる。最初のステップは、不良銀行と優良銀行の仕分けだ。銀行システムから不良銀行を取り除き、優良銀行だけで新たなシステムを構築する。不良銀行については、公的資金を使って不良債権を処理した上で、時間をかけて銀行システムに復帰させてゆく。血液の流れを阻害している「患部」を取り除き、健全な部分だけで血管をつなぎ直し、最後に治療が終わった「患部」を戻すという、大規模で高度な「手術」が必要となる。

是清はこの手術を鮮やかに、そして驚くほどの短期間で行った。大蔵大臣に就任してわずか2日後の4月22日からの3日間、すべての銀行を休業させたかと思うと、畳みかけるように、支払いを一時的に猶予する「モラトリアム」を断行した。血液を流したままでは、患部の除去もできないし、血管をつなぎ直すこともできない。そこで、血液の流れを完全に止めて、抜本的な治療に踏み切ったのだ。

銀行休業とモラトリアムは、恐怖と不安から焦燥に駆られた預金者の心を冷ました。この間、日銀は銀行に対する非常貸し付けを続け、各銀行はカウンターの奥に大量の紙幣を積み上げて休業明けに備えることができた。冷静さを取り戻した人々は、休業前に慌てて引き出したお金を安全と思われる銀行に持ち込み、取り付け騒ぎは、ウソのように消え去った。

世界に先駆けた公的資金注入

是清は銀行システムに対する抜本的な治療も行った。日本銀行に資金繰りの苦しい銀行向けの特別融資（日銀特融）を実行させる。いわゆる「公的資金」の注入だ。銀行を可能な限り再生させ、信用を回復させせようというのだ。

銀行経営者のモラルハザードを招くとの批判はあった。そのため、「日本銀行特別融通及損失補償法案」の国会審議は難航した。しかし是清は「人心の安定」のためだとして、反対派の説得を続けた。与えられた審議期間はわずか4日、法案が成立したのは、審議最終日の午後11時半のこと。74歳の是清は疲労困憊していたが、「帰宅する自動車の中から、煌々とした月を眺めたときには、実になんともいえない、のびのびとした安らかな気持ちだった」と、後にその時の心境を語っている。

銀行の一斉休業と公的資金投入は、アメリカのルーズベルト大統領も実施しているが、先んじたのは是清であった。公的資金の投入は、戦後日本のバブル崩壊に伴って発生した平成金融恐慌でも、リーマンショックを契機としたアメリカの金融危機においても断行され、大きな効果を上げている。是清が打ち出した昭和金融恐慌への対策は、金融危機に対する標準治療の先駆けとなるものであった。

大量の出血をしている日本経済に対して、直ちに止血を行い、血流を確保した高橋是清。鮮やかな緊急手術が、日本を昭和金融恐慌から救った「勝利の本質」だったのである。

芸者のたとえで「乗数効果」を解説

高橋是清が昭和恐慌の治療に採用したのは、ケインズ型経済政策を先取りした治療法だった。大恐慌の原因は需要の不足にあると考えたケインズは、政府が財政支出を増大させたり、減税をしたりすることで需要を喚起させる政策を唱えた。その効果が連鎖的に広がる乗数効果によって需要不足が解消され、大恐慌を収束させることができるとした。是清はケインズのこの考え方を独学で会得していた。是清の「緊縮財政と金解禁」という論考に、それを見ることができる。

この論考で是清は、分かりやすいたとえ話で経済政策を説いた。例えば、1年に5万円を消費に充てる余裕のある人が、3万円だけ使い、残りの2万円を貯蓄に回したらどうなるか。個人としては「結構な事」だが、国家経済全体で見た場合には、倹約した2万円分だけ需要が減るため、「国家の生産力はそれだけ低下する」と是清は指摘する。

その上で、是清はさらに議論を展開させてゆく。

ある人が芸者を呼んだり、贅沢な食事をしたりして、2000円の金を使ったとする。道徳上の非難はあるにしても、これによって、芸者や料理人の給料が増え、食料品の生産者や輸送業者や商人の収入になり、その金が転々として20倍にも30倍にもなってゆく。もし、この2000円が使われなければ、銀行預金が増えるだけ。節約は個人にとっては結構なことだが、国家経済全体から見れば、お金を使った方が望ましい。

是清がこう主張した時、政府は緊縮財政を展開していて、国会議事堂の建設ですら中断されていた。しかし、こうした状況が他の事業にも広がれば、建設業界のみならず、より多くの業界の人々が職を失い、これが将来の需要を減退させ、「一般の一大不景気を招来する」と、是清は危惧した。

ケインズが主張した財政支出による需要喚起と、それがもたらす乗数効果を分かりやすく説いた論考だが、発表されたのは1929年11月。アメリカの株価暴落が始まった直後で、ケインズの理論が記された『雇用・利子および貨幣の一般理論』が出版された36年より7年も前のことだった。

ケインズに先駆けて、その大恐慌治療の極意を得ていた是清。そして、1931年に大蔵大臣を引き受けると、一気に財政支出を急拡大させ、足りない財源は国債発行でまかない、これを日本銀行が引き受けるという「禁じ手」もいとわなかった。この他にも、低金利政策を実施したり、為替政策では円安を促進させたりした是清。これによって日本は、世界で最も早い時期に大恐慌からの脱却に成功する。GNPという「体重」は一気に増加し、冷え切っていた物価や株価も上昇して、「平熱」に戻ったのだった。

経済学者の小宮隆太郎は「日本以外の多くの国が、マクロ政策に失敗した1932〜35年の困難な時代に、是清はケインズ的マクロ経済政策の〝模範答案〟に近い財政・金融・為替政策を構想した」と、評価する。その上で小宮は、「書物やアドバイザーの助言、外国の事例などからヒントを得たものではなく、さまざまな職業に就いたあとで日銀総裁、度々の蔵相、そして首相も務めた彼の長年の経験の結実だった」としている。

後年、景気対策の標準治療となったケインズ型治療を、独学で編み出し、強い政治力で貫徹したことが、是清の「勝利の本質」であった。

1934年7月3日、斎藤内閣の退陣に伴って、高橋是清は蔵相の職を降りた。今度こそ本当の引退……と思っていた是清だが、わずか4カ月余りで蔵相に復帰する。後継となった岡田啓介内閣で、蔵相を務めていた藤井真信《さだのぶ》が体調不良で辞任、またしても是清に、白羽の矢が立てられたのだ。

この時、80歳。5度目*となる蔵相の職務は1936年2月26日、突如として終わりを迎える。「二・二六事件」である。

是清は当時、自らが行った昭和恐慌対策の事後処理に着手していた。巨額の財政支

＊犬養毅暗殺後に発足した斎藤実内閣での再任を含めると6度目。

出と資金捻出のための国債の日銀引き受けは、昭和恐慌を収束させるための緊急措置。放置すれば激しいインフレを招くとして、軍事費抑制に乗り出していたのだ。国防に傾きすぎれば、悪性のインフレを引き起こす。その結果、国家の信用が毀損されれば、国防も安泰ではありえない。「これ以上は到底出せぬ」と、軍部を突っぱねた。

軍事費増大に、是清は懸念を抱き続けてきた。先に紹介した「緊縮財政と金解禁」の論考で、「芸者遊びや贅沢な食事」を、「風紀道徳の上からいえば止めてもらいたい」としながらも、景気回復には必要なこととして認めていた是清。しかし、もはや景気は十分に回復している。これ以上の軍備拡大は、「道徳上の非難」どころか、到底、許されるべきものではないと考えたのだ。

こうした姿勢が軍部の強い反発を生み、一部の陸軍青年将校が引き起こした二・二六事件で、是清もその標的になってしまう。

青年将校に率いられた１００人もの部隊が、高橋邸の門を突き破り、土足のまま是清の寝室に乱入してきた。「何をするかっ」と是清が声を上げた次の瞬間、一人の将校が「国賊」と叫び、胸や腹に6発の銃弾を浴びせた。もう一人は「天誅」と叫びながら、幾度も切りつけ、右腕はほとんど切断される寸前だったという。午前5時半、是清の死亡が確認された。81歳の生涯であった。

『昭和金融恐慌史』
高橋亀吉、森垣淑著
（講談社学術文庫／1993年刊）

CASE 11

アドルフ・ヒトラー
「悪魔」は大恐慌に勝利したのか？

アドルフ・ヒトラー（Adolf Hitler）といえば、第二次世界大戦を引き起こし、ユダヤ人の大量虐殺をするなど、悪行の限りを尽くした「悪魔」の顔が浮かぶ。しかし、大恐慌対策に限れば、ヒトラーは「天使」のような存在だった。どん底に沈んでいたドイツ経済を瞬く間に蘇らせ、国民の喝采を浴びたのである。

ヒトラーが政権を握ったのは、アメリカでフランクリン・ルーズベルト（Case 12）が大統領に就任したのと同じ1933年のこと。同じタイミングで大恐慌の克服に挑んだ2人だったが、その明暗ははっきりと分かれた。

4年後の1937年、ヒトラーはドイツ国民との約束を果たす形で、経済のV字回復を果たして大恐慌を克服する。一方のルーズベルトは、ニューディール政策で一度は持ち直したかに見えた景気を再失速させ、「ルーズベルト不況」と揶揄される事態を招いていたのだ。

壊滅状態にあったドイツ経済

世界大恐慌に襲われる以前から、ドイツ経済は度重なる苦難に直面してきた。1918年、第一次世界大戦に敗れたドイツには、苛酷な戦後処理が待っていた。ヴェルサイユ条約によって、ドイツには税収の十数年分に匹敵する巨額の賠償金が課せられた。同時にすべての植民地を失い、ヨーロッパの領土についても面積で13%、人口で10%を失った。これに伴って農耕地が15%減少、鉄鉱石鉱床の75%も失ったことで、鉄鋼生産量は戦前の4割以下の水準に激減するなど、経済基盤が大きく損なわれてしまったのだ。

疲弊し切っていたドイツに、莫大な賠償金の支払い能力などなかった。紙幣を乱発した結果、ハイパーインフレが発生する。通貨量は戦前比2940億倍、卸売物価は1兆2600億倍、1ドルは4兆2000億マルクなどと天文学的な数字を記録し、紙幣は紙くず同然となった。人々は手押し車に紙幣を乗せて買い物に出る事態となり、これに対応するために「100兆マルク紙幣」が発行されるなど、貨幣経済は完全に崩壊してしまう。

ここでドイツは、底力を発揮する。1923年に導入された新紙幣「レンテンマル

『ヒトラーの経済政策』
武田知弘著
（祥伝社黄金文庫／2020年刊）

ク」によって、絶望的に思われていたハイパーインフレが解消へ向かう。27年には鉱工業生産が大戦前の水準を回復するなど、経済を回復軌道に乗せつつあった。

地獄の底から這い上がってきたドイツ。

しかし、そこに大恐慌が襲いかかったのだ。1929年に始まった大恐慌で、ドイツ経済は壊滅的な状況に陥った。29年に734億マルクだった国民所得は、32年は452億マルクと4割近い激減となり、失業者は最悪期には一時的に600万人を突破して、労働者の3人に1人が失業していた。

「震源地」のアメリカをも上回る深刻な不況の渦中に、ヒトラーは登場した。

1933年1月に首相に就任し、政権を握ったヒトラーは、議会政治を排除し、政党や労働組合の解散も強行して独裁体制を構築する。そして、有無を言わさぬ手法で、経済再生と失業問題に取り組んでゆくのである。

「20世紀最大の土木工事」で雇用創出

首相就任直後の1933年2月1日、ヒトラーはラジオを通じて国民に語りかけた。「我々が解決しなければならない問題は、ドイツの有史以来最も困難なものだ」

『ドイツの通貨と経済 ―1876~1975年』(上下巻)
ドイツ・ブンデスバンク編/呉文二、由良玄太郎訳
(東洋経済新報社/1984年刊)

とした上で、「鉄の決意と固い忍耐力をもって、4年以内に失業問題を完全に解決する」と、力強く公約した。

ヒトラーの失業対策の柱は、大規模な財政支出による需要喚起であった。中核となったのが、高速道路「アウトバーン」の建設である。

全長1万7000キロメートルに及ぶアウトバーン建設計画を発表したヒトラーは、自らの手で起工式を行った。「20世紀最大の土木事業であり、中国の万里の長城やエジプトのピラミッドと同じように後世に賛嘆されるだろう」と自信満々に語ったのは、ナチス宣伝相のゲッベルス。ヒトラーはアウトバーン建設で、失業者を大量に吸収しようとしたのである。

アウトバーンの建設は、驚くほどのスピードで進められた。延べ数千万人の労働者が従事、3年間で1000キロメートルのアウトバーンが完成した。

アウトバーン建設から派生した需要も大きかった。道路建設に使われるセメントの生産量は1932年の280万トンから急増し、35年には881万トンと3倍以上となった。このほかにも鉄筋や砂礫、砂などの建設資材の需要も急拡大し、雇用増をもたらした。

アウトバーンの整備により、自動車の需要も拡大した。アウトバーン建設前の

「ナチスドイツの経済回復」
川瀬泰史「立教経済学研究」第58巻4号（立教大学経済学研究会／2005年3月刊）

「ヒトラー政府初期の雇用創出計画（失業対策）について」
阿部正昭「経済志林」第69巻4号（法政大学経済学部学会／2002年3月刊）

1932年には4万3000台だった自家用車生産台数は、翌年に9万2000台と倍増し、2年後の34年には14万7000台と3・4倍にまで拡大する。

ヒトラーがアウトバーン建設に力を入れたのは、自動車産業の重要性を早くから認識し、モータリゼーションを促進させようとしていたからでもあった。「自動車税は不要だ。ガソリンも値下げする。そうなれば、ドイツ人は皆、週末に妻子と自分の乗用車で遠出できる。その方が鉄道より安上がりだ」と語ったヒトラーは、自動車の普及に向けて「国民車（Volkswagen）計画」を推進。これが、世界屈指の自動車メーカー「フォルクスワーゲン」の源流となった。

ヒトラーはアウトバーン建設の他にも、国鉄の拡張、住宅建設や運河の整備、農業用地の改良や河川工事など、広範囲で大規模な公共事業を行った。1933年から35年にかけて、専ら雇用創出を目的に投じられた公共事業費は、48億マルクという巨額に達したのである。

公共事業による需要喚起と同時に、ヒトラーは減税政策も積極的に展開した。自動車や農産物の売り上げ、農地や住宅地にかかる税金を減らしたほか、メイドを雇用した場合には所得税を減税するなど、雇用拡充を念頭に置いたものもあった。

ヒトラーの大恐慌治療は、需要を可能な限り増大させるケインズ型だった。大恐慌

『ヒトラーの遺産―国家蘇生のリーダーシップ』
柘植久慶著
（ケイエスエス／1998年刊）

の原因は需要不足にある。そこで、財政支出という直接的な方法に加えて、減税で可処分所得を増やすという間接的な方法も合わせて、需要の拡大を図ったのだ。

ヒトラーが政権を握った１９３３年に行われた減税規模は、国家と地方を合わせた税収の１割という大規模なもの。ところが、一連の経済対策によって景気回復が始まったことで、減税を行ったにもかかわらず、税収は増加した。１９３３年に51億マルクだった税収は、翌年に59億マルク、２年後の35年には75億マルクに増えるという驚くべき成果を上げているのである。

合理性を無視した「労働者ファースト」

ヒトラーの大恐慌対策のもうひとつの特徴が「労働者ファースト」だった。アウトバーンの建設では、建設費の46％が労働者の賃金に充てられた。建設予算の策定に当たっては、最初に労働者の賃金が決められ、そこから逆算して全体の予算が決められた。また、多くの失業者を雇用するために、経済合理性や効率を無視して、機械の使用を敢えて抑制し、人力を優先させた。

ヒトラーは中高年の労働者を、優先的に採用させた。扶養家族が多い中高年に職を

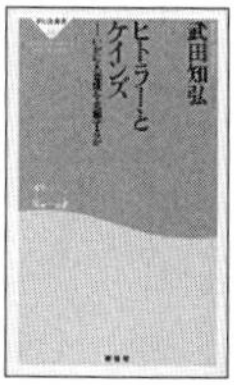

『ヒトラーとケインズ ― いかに大恐慌を克服するか』
武田知弘著
（祥伝社新書／2010年刊）

与える経済対策で、大衆からの支持獲得を狙った。

また、農家の救済にも力を入れた。「穀物価格安定法」によって農産物価格に下限を設定して農家を守った。一定の条件を満たした農家に対しては、借金のカタとして農地が取られないようにしたり、借金返済額を軽減したりする施策も実施している。

中小企業の支援も怠らなかった。金融機関からの貸し渋りに苦しんでいた中小企業に対して、独自の信用保証制度を導入し、経営を支えた。その一方でヒトラーは、大企業の儲けすぎを許さなかった。「配当制限法」によって、配当の上限を6%に設定、これを超える利益は国家が吸い上げて、貧困者救済資金や建設資金に充当した。

さらに公共事業に便乗して儲けようとする動きも許さなかった。不動産業者による投機的取引を防ぐために、用地の取得価格は計画決定した時点での価格とした。公共事業の現場では、ナチスが組織した「労働戦線」が、ピンハネしないように建設業者を監視し、中小企業向けの融資審査でも、ナチス党員が間に入って融資の実行を迫った。

「国家社会主義ドイツ労働者党」(Nationalsozialistische Deutsche Arbeiterpartei)という党名が示す通り、ナチスは労働者のための政党であった。「われわれのなすべき課題は、失業対策、失業対策、そしてまた失業対策だ。失業対策が成功すれば、われわれは権威を獲得するだろう」と訴えたヒトラー。強権を発動してまで労働者を徹底優遇したことで熱狂的な支持基盤を獲得し、独裁に突き進んだのである。

「短期集中」が絶大な効果生む

短期間に集中して行われたヒトラーの大恐慌対策は、絶大な効果を生み出した。所得が増えた労働者による消費が増加、衣料品などを中心に需要が高まり、経済全体を押し上げていった。国民所得は最悪期だった1932年の452億マルクから増加に転じ、3年後の35年には591億マルク、37年には738億マルクとなって、大恐慌前の水準を回復した。

最大の懸案だった失業問題も解消した。ピークだった1932年2月には613万人いた失業者は、37年9月には50万人を割り込み、年平均でも91万人にまで激減、ヒトラーはその公言通り、事実上の「完全雇用」を達成したのだった。

この時、ルーズベルト政権下のアメリカは、依然として大恐慌に苦しんでいた。1938年の失業率は19%で、失業者数は1039万人。同じ時期に大恐慌と戦い始めた2人だったが、先に戦果を上げたのはヒトラーだったのだ。

『ナチス経済とニューディール』
東京大学社会科学研究所編
（東京大学出版会／1979年刊）

勝利の本質

独裁が不況対策の効果を高める

ヒトラーは大恐慌という病を、瞬く間に治した「名医」だった。ケインズ型の治療を先取りする大恐慌対策を、労働者ファーストを前面に押し出しながら推し進めていったのが勝因だが、これを可能にしたのが、独裁政権という特殊性だった。

「誰を優遇するか」がカギとなる

ヒトラーの大恐慌対策は、不足していた需要を、政府が穴埋めするというものだった。こうした大恐慌対策は、ケインズが理論化しているが、ヒトラーは高橋是清（Case 10）と同様、それに先駆けて実行に移していた。さらに、「労働者ファースト」の方針を加えたことで、その効果を格段に高めると同時に、国民の熱狂的な支持を集めた。

ヒトラーが政権を握った時、ドイツ経済は「拒食症」に陥っていた。需要という「食欲」が落ち込んだ結果、生産力が低下して痩せ細り、失業という「壊死」が発生していたのだ。そこでヒトラーは、財政支出の増大で「食欲増進」を図った。アウトバーン建設をはじめとした大規模な財政支出を展開したヒトラー。ボリュームたっぷりの食事を勝手に注文し、強引に食べさせようとしたわけだが、その効果は絶大だった。

公共事業という直接的な需要に加えて、アウトバーンができたことで、自動車が売れるようになったり、輸送が活発化したりといった派生的な需要も生まれた。働くチャンスを得た労働者たちが、手にしたお金を消費に回したことも需要増につながった。ケインズの理論に登場する「乗数効果」である。

ヒトラーは需要喚起の対象、つまり食事の提供先を巧みに選んだ。これがより大きな乗数効果を生むことになる。ヒトラーがターゲットとしたのは労働者と中小企業、そして農家や失業者など。再分配されたお金のほとんどを支出に回すような人々だった。ゆえに、より大きな乗数効果が期待できる。税制改革でも同じだった。大企業向けには増税、中小企業向けには減税することで、乗数効果を高めることに成功していたのである。

ケインズ型治療の成否は、どれだけ乗数効果を生み出せるかにかかっている。単純に公共事業を行うだけでは、乗数効果は限定的となる。建設業者などごく一部の人の食欲を満たすだけで、飢えている人たちに広く食べ物が回らないからだ。ヒトラーは、労働者たちに集中的に食事を配り、さらに富裕層から奪ってきた食事も提供した。これによって乗数効果は拡大、ドイツ全体の需要を高めることで、拒食症を治していった。ヒトラーはケインズ型の治療を先取りしただけではなく、優遇の対象を巧みに選ぶことで、その効果を最大限に引き出したのである。

独裁政権だから中途半端に終わらない

ヒトラーの大恐慌治療を成功に導いたもうひとつの大きな要因は、独裁者であったことだ。ケインズ型治療は中途半端に終わることが多い。政府が強制力を発揮し、自由な経済活動を制限することが、反発を招くからだ。まして労働者を徹底して優遇する大規模な所得再配分を断行するとなれば、大企業や富裕層の抵抗は必至。政治的なコンセンサスを形成させることが難しく、中途半端に終わってしまいがちなのだ。

ところが、独裁的な権力を握っていたヒトラーは、ケインズ型治療を徹底することが可能だった。富裕層からお金を巻き上げ、飢えに苦しんでいる人々に分配したヒトラー。建設業者の利益を削ってまで、労働者たちへの支払いを増やすなど、独裁政権の力を存分に発揮したヒトラーは、国民の間で絶大な支持を得ていく。

これはいわゆるポピュリズム（大衆迎合主義）だ。労働者や貧農、都市中間層といった市民階層を「大衆」と位置づけ、その利益を優先する政治姿勢がポピュリズムであり、ヒトラーはこれを前面に押し出した。本来、独裁政権は国民の反発を招きやすいものだが、ヒトラーはポピュリズムを前面に打ち出すことで、その批判を覆い隠すことに成功したのだ。

経済学者の戸原四郎は、ヒトラーについて「独裁政権で強引な対応策をとりえたことによって、例えばニューディールなどに比して、景気回復・失業解消などではるかに成功した」と指摘している。

強引な景気対策の一例に「結婚奨励貸付金」がある。簡単にいえば、新婚夫婦に無利子でお金を貸す制度だ。無利子である上に、出産すればその度に元本の４分の１が返済免除になったことから、当時の新婚夫婦の４組に１組が利用したという。

この制度は結婚と出産を促進するだけでなく、個人消費の刺激策としても威力を発揮した。貸し付ける「奨励金」を購買券の形で支給したのがミソで、借りた夫婦にしてみれば、貯金や借金返済には回せない。従って家具や家庭用品などに消費するほかなく、確実に需要拡大につながるというわけだ。

この貸付金には雇用対策の狙いもあった。融資を受ける条件として、夫婦のうち「女性が仕事を辞め、二度と再び就業しないこと」を課した。女性を労働市場から排除し、その穴を男性が埋めることで、失業者を減らそうとしたのだ。しかも、これら大盤振る舞いの財源は、独身者への増税であった。

いかにも異論の多く出そうな強引な政策だが、独裁者ヒトラーは、これを簡単に実現してみせた。

独裁政権によってケインズ型治療を徹底できたことが、ヒトラーの「勝利の本質」であり、これにより大恐慌を完治させた「名医」として名を上げた。イギリスの文学者・評論家でノーベル文学賞受賞者のバーナード・ショーが、ヒトラーを称える論説を書き、「ノーベル平和賞を贈るべき」といった声も出るほど、その名声は国内外に響き渡った。

しかし、ヒトラーはここからその本性を現す。「もしもヒトラーが政権獲得4周年の1937年に死んでいたとしたら、疑いもなくドイツ史上の最も偉大な人物として後世に名を残したことだろう」と記したのは、ヒトラーの優れた伝記作者として知られるジョン・トーランド。

ドイツを大恐慌から救ったヒトラーだったが、その正体は「名医」でも「天使」でもなく、人類史上稀にみる「悪魔」だった。大恐慌を克服し、健康を取り戻したドイツ。これからは懸命に働いて、楽しい生活を送ろうとしていたはずの国民に、そうした自由は与えられなかった。ヒトラーに支配されたドイツの人々は、第二次世界大戦へと突入していくのである。

ヒトラーが「悪魔」の素顔を見せ始めたのは１９３５年のことだ。ヴェルサイユ条約を破棄して、再軍備を始めたヒトラー。32年には６億３０００万マルクだった軍事費は、38年に１７２億４７００万マルクにまで膨れ上がり、国民所得の21％に達した。ケインズ型治療薬は公共事業から軍備拡大に変えられていったのだ。

大恐慌治療は引き続き必要であり、軍備拡大を止めれば景気が再失速しかねない。その一方で、公共事業などとは異なり、軍備は新たな経済価値をほとんど生まず、投下された財政資金を回収することは難しい。唯一の回収方法はそれを使用して対価を得ること。つまり戦争による新たな権益獲得であった。

ヒトラーが、政権を握るずっと前に刊行した著書『我が闘争』（１９２５～26年）には、その野望が明確に記されている。ヴェルサイユ体制から脱却して、大ドイツ帝国を建設することを目指す。そのために必要不可欠なのが強大な軍事力だが、各国の監視の目が注がれる中、表立って軍備を増強することは許されない。そこでヒトラーは、恐慌対策を隠れ蓑にすることで、軍備拡大を秘かに、しかし着実に推進した。

１９３９年9月1日、ドイツはポーランドに侵入し、第二次世界大戦が始まった。ヒトラーが仕掛けた戦争は、大恐慌治療の帳尻を合わせるという意味においても、その野望の実現という意味においても必然だったのである。

『魔術師ヒトラー』
神代康隆著
（学研／1993年刊）

CASE 12

フランクリン・D・ルーズベルト
100日議会で「アクション・ナウ！」

アメリカで大恐慌と戦ったのは、ハーバート・C・フーヴァーとフランクリン・D・ルーズベルトの2人の大統領だ。

フーヴァーは、暗黒の木曜日に始まる株価暴落と景気の悪化が、一時的ですぐに回復すると判断したが、これは大きな間違いだった。見通しの甘さから大恐慌を深刻化させたフーヴァーは、国民の激しい非難を浴び、1932年の大統領選挙でルーズベルトに大敗する。

フーヴァーに代わって大統領に就任したルーズベルトは、ニューディール政策で、大恐慌の治療に挑んだ。その道のりは平坦ではなかったが、最終的にはルーズベルト政権の下で、アメリカも遅ればせながら大恐慌を克服するのである。

初期治療に失敗したフーヴァー

フーヴァーが大統領に就任したのは、大恐慌が始まる直前の1929年3月のことだった。幼くして両親を亡くし、苦学の末に名門スタンフォード大学を卒業したフーヴァーは、鉱山技師から身を立て、実業界で成功を収めた苦労人だった。

第一次世界大戦が始まった時、ロンドンにいたフーヴァーは、慌てて帰国しようとしていたアメリカ人たちを支援したり、国境を越えた食糧支援をしたりと、献身的な活動を行った。「フーヴァー・ランチ」と呼ばれた食料を受け取った子どもたちから100万通に及ぶ感謝状を受け取るなど、「偉大な人道主義者」と呼ばれるようになったフーヴァーは、1928年の大統領選に出馬して大勝を収めた。

「ほどなく、この国から貧乏が追放される日を目の当たりにすることができるでありましょう。……私は我が国の将来に何らの不安も抱いていない。未来は希望に輝いている」――。フーヴァーの大統領就任演説は自信に満ち溢れていた。だが、その7カ月後、暗黒の木曜日が訪れる。株式市場の暴落と景気の悪化が始まったのだ。

暗黒の木曜日の翌日、フーヴァーは国民に向けてメッセージを発した。

「我が国の基本的事業、すなわち財の生産と分配は、健全かつ繁栄した基礎の上にある」――。フーヴァーは事態を楽観視していた。実際、翌年の春には、株価は一時的な回復を示し、工業生産などの景気指標にも持ち直しの兆しが見えた。フーヴァーは「すでに最悪の事態は脱した。これまでの努力を続けるなら、回復は早いと確信している」とのメッセージを出したが、その先に本当の暴落が待っていた。

フーヴァーの治療方針は「自由放任型」だった。現在の景気悪化は、景気循環の一局面に過ぎない。アメリカの経済基盤は依然として盤石であり、自然治癒力に委ねていればすぐに景気は回復すると考えていた。フーヴァーが繰り返し、流行語にもなっていた「好景気はもうそこまできている」というフレーズは、こうした考えを反映したものだった。しかし、好景気はやってこなかった。追放されるはずだった貧乏は急速に増殖し、アメリカ中を覆ってしまうのである。

中途半端な対策で事態は悪化

急激な景気の悪化を受けて、自由放任では済まされなくなったフーヴァーは、様々な治療を試みるようになる。

フーヴァーは経営者に対し、賃金水準を維持するか、下げるにしても緩やかにするように求めた。すると経営者たちは、フーヴァーの求めに応じて、賃金水準を維持するため、労働者の数を減らした。すなわち首切りだ。これがやがて４人に１人が失業するという壊滅的な雇用情勢をもたらしたとされている。

フーヴァーは国内産業を保護するために「スムート・ホーリー関税法」を制定し、輸入品の関税を大幅に引き上げたが、これも逆効果だった。一部の産業は恩恵を受けたものの、輸入品価格の上昇が消費者を直撃、さらに貿易相手国が報復として関税の引き上げに動いたことから輸出も激減し、景気悪化に拍車をかけてしまう。

こうした最中の１９３２年、フーヴァーは増税を断行した。フーヴァーは真面目な性格の持ち主で、借金に強い抵抗感があった。景気対策で増え始めた財政支出の財源を、国債発行による借金ではなく、増税によって調達しようとしたのだ。この結果、企業の税負担が重くなる。29～30年には、企業の生産コストに占める税金の割合は９％以下だったが、33年には17％に跳ね上がった。この時の増税は、戦時を除けば史上最大の規模であり、景気悪化に拍車をかけたのはいうまでもない。

フーヴァーが施した治療は中途半端で、病状を悪化させただけ。自由放任型を貫いていた方がましだったかもしれない。フーヴァーの求心力は急速に失われていった。デモや騒乱が各地で頻発、住む家を失った人々が段ボールで作ったバラックの集落は

『アメリカ経済財政史1929-2009 ─ 建国理念に導かれた政策と発展動力』
室山義正著
（ミネルヴァ書房／2013年刊）

「フーヴァー・シティ」、寒さをしのぐための古新聞は「フーヴァー毛布」などと呼ばれて揶揄された。偉大な人道主義者として敬われてきたフーヴァーは、一転して国民からの激しい非難を受けることになったのである。

1932年11月、フーヴァーは再選を目指して大統領選挙に臨んだが、勝てるはずもなかった。アメリカ国民は「救世主」を求めていた。そこに登場したのがルーズベルトであった。

「アクション・ナウ！」で行動を起こす

「私たちが恐れねばならない唯一のことは、恐怖心を持つということです」

「この国は行動を求めています。アクション・ナウ！」

1933年3月4日、ワシントンのキャピトル・ヒルを埋め尽くした大観衆を目の前に、ルーズベルトは力強く訴えた。大観衆は熱狂的な拍手と声援でこれに応えた。この男こそアメリカを大恐慌から救ってくれる救世主だと。

フランクリン・D・ルーズベルト（Franklin Delano Roosevelt）は、ニューディール政策と呼ばれた一連の経済対策で大恐慌に立ち向かい、第二次世界大戦、そして日本との太平洋戦争を指揮した偉大な指導者としてその名を歴史に残している。

1882年1月30日に、ニューヨーク州ハイドパークに生まれたルーズベルト、その経歴は華麗だ。裕福な家庭に育ち、名門ハーバード大学を卒業後、1910年にはニューヨーク州の上院議員となって政界入りした。

その後、小児麻痺に感染し、長期の療養生活を強いられた時期もあったが、1928年にニューヨーク州知事に当選し、革新的な政策を打ち出して成果を上げた。そして32年の大統領選挙に立候補し、現職のフーヴァーを大差で破って、第32代アメリカ大統領となったのだ。

ルーズベルトが大統領に就任した時、大恐慌は最も深刻な時期に差しかかっていた。大恐慌前の1929年に1044億ドルだったGNPは、33年には560億ドルとほぼ半減し、失業率は24・9%で、4人に1人が職を失っていた。

これに追い打ちをかけていたのが、全米規模の金融危機だ。1930年からの3年間で5100行もの銀行が破産、900万人の預金が消滅していた。取り付け騒ぎが後を絶たず、金融システムは崩壊寸前となっていた。

就任演説で「アクション・ナウ！」と宣言したルーズベルトは、直ちに行動に出た。大統領就任式の翌々日未明、すべての銀行を一時閉鎖させる大統領令を出す。そ

『ニューディール体制論 ― 大恐慌下のアメリカ社会』
河内信幸著
（学術出版界／2005年刊）

の間に経営状況を精査し、必要に応じて公的資金を投入することとした。金融システムの「リセット」を図ったのである。

銀行の一斉閉鎖から1週間が経った日曜日の午後10時、ルーズベルトは、ラジオを通して国民に語りかけた。その後、恒例となる「炉辺談話」だ。

「わが友よ（My Friends）」と開口一番、呼びかけると、翌日の月曜日から順次、銀行の営業を再開することを伝えた。営業再開する銀行は、財務省が調査して経営に問題がないとお墨付きを得ていることも言い添えた。

「お金はマットレスの下に置いておくよりも、銀行に預けた方が安全だと私が保証します」

ルーズベルトのこの言葉に、国民の不安心理は一気に解消した。取り付け騒ぎはウソのように収まり、人々はマットレスの下に隠していたお金を預けに銀行に向かったのである。１９３３年には４０００行を超えていた銀行の破綻は、翌年になると57行にまで抑制され、金融システムは崩壊を免れて、安定に向かったのだった。

ケインズ型治療に乗り出したルーズベルト

ルーズベルトは大恐慌を撃退すべく、「ニューディール政策」と呼ばれる一連の経済対策も、矢継ぎ早に打ち出していった。

ニューディール（New deal）には、「トランプで新たにカードを配って新しいゲームを始める」という意味がある。フーヴァーの失政をリセットし、心機一転、景気を回復させるという意思が込められていたのだ。

ニューディール政策は、大規模かつ多角的なケインズ型治療であった。巨額の財政支出によって需要を喚起すると同時に、雇用を生み出す。さらに大規模な弱者救済政策の支援によっても需要を高める。政府という医者が、考え得るすべての治療法を総動員して実施しようとするのが、ニューディール政策であった。

ここで主要な政策を見ていこう。

ニューディール政策には公共事業と失業対策という2本の柱があり、両者を緊密に連携させることで効果を高めようとしていた。

公共事業を推進する中核となったのが公共事業庁（ＰＷＡ）だ。33億ドルという巨額の財源が与えられ、様々な公共事業を展開していったＰＷＡ。１９３３年の発足から39年までに総額60億ドルが支出され、新たに建設された学校の70%、裁判所や市役所の65%がＰＷＡの資金援助で整備され、サンフランシスコのゴールデン・ゲート・ブリッジもその一環として建設された。

とりわけ力を入れた公共事業が、テネシー川流域開発公社（ＴＶＡ）。全長１０００キロメートルを超えるテネシー川の流域に、多数のダムと発電所を建設して治水と電力供給を図るという壮大なプロジェクトで、１万５０００人が雇用された。

失業者対策も多岐に及んだ。市民資源保全団（ＣＣＣ）は、天然資源保存を目的とした雇用プログラム。25万人の青年が集められ、植林や水利施設、レクリエーション施設などの建設を進めた。市民復業庁（ＣＷＡ）では、３６０万人もの労働者を、道路や学校、空港などの建設に従事させた。連邦緊急救済庁（ＦＥＲＡ）が展開したのは、連邦政府と州政府が協力して行う失業者救済プログラムで、黒人も対象となった点でも、当時としては画期的だった。一連の失業者対策は、公共事業促進の側面を持つと共に、消費需要を増大させる効果も期待された。

『新書 アメリカ合衆国史〈3〉パクス・アメリカーナの光と陰』
上杉忍著
（講談社現代新書／1989年刊）

自由競争を否定してでも恐慌治療

産業復興とデフレ解消を目的とした法律の整備も行われた。全国産業復興法（ＮＩＲＡ）は、生産制限や最低価格設定などを行う「不況カルテル」を、政府の主導で実施するというもの。政府が強権を発動して価格を引き上げると同時に、労働者の雇用と所得も確保するという大胆な政策だ。ＮＩＲＡはニューディール政策の根幹となる法律で、その起草に深く関わったのがバーナード・バルーク（Ｃａｓｅ２）。ＮＩＲＡを執行する全国復興庁（ＮＲＡ）の初代長官ヒュー・ジョンソンは、バルークの息がかかった人物だった。

農業調整法（ＡＡＡ）もＮＩＲＡと同様の考えに基づいている。政府が農産物の供給を制限し、それによって農産物価格の引き上げを図ることなどを目指した。どちらの法律も自由競争原理を否定し、政府が直接介入することで、産業復興とデフレ解消を達成しようというものであった。

ニューディール政策を実行するための法案のほとんどは、新大統領就任から5日後に始まった議会で成立した。その期間はわずかに１００日。「アクション・ナウ」の宣言通り、ルーズベルトは息もつかせぬ早業で、アメリカを大恐慌から救い出そうと

『世界歴史叢書 アメリカ現代史』
長沼秀世、新川健三郎著
（岩波書店／1991年刊）

したのであった。

ニューディール政策によって、アメリカの財政支出は大きく増加していった。１９３３年に46・2億ドルだった連邦政府の財政支出は、翌年に66・9億ドル、３年後の36年には84・9億ドルと急増していった。

ルーズベルトが積極果敢に展開したニューディール政策によって、アメリカ経済は回復を見せ始める。ルーズベルトが大統領に就任した１９３３年に５６０億ドルだったＧＮＰは37年に９０８億ドルにまで回復、24・9％だった失業率も14・３％となり、失業者数は１２８３万人から７７０万人へと大きく減少した。物価も株価も上昇基調となるなど、ルーズベルトが施したケインズ型治療によって、アメリカ経済は大恐慌という病を克服し始めたのである。

アメリカ国民の間には安堵感が広がりつつあった。救世主となったルーズベルトは、１９３６年の大統領選挙でも大差で再選を果たす。しかし、この直後、ルーズベルトは大きな判断ミスを犯してしまうのである。

早すぎた「出口戦略」

１９３７年の夏以降、景気は再び急激に悪化してしまった。

「それは、──見たところ、雲ひとつない晴れ渡った空から──あっという間にやってきた」。ジャーナリストのＦ・Ａ・アレンは、大恐慌下のアメリカを克明に記した『シンス・イエスタデイ』に、その時の状況を記している。

「大恐慌の中の恐慌」とされた再度の景気悪化、その原因はルーズベルトの政策転換にあった。景気回復が軌道に乗ったと判断したルーズベルトは、ニューディール政策の縮小を決定、財政支出を削減して、財政赤字を減らそうとしたのである。

公共事業を先導していたＰＷＡの予算は１９３５年の２・１億ドルから翌年には０・７億ドルと大幅に削減された上に、38年1月で閉鎖されることが決まった。一連の救済事業の予算も36年の24・5億ドルから、翌年には18・2億ドルと26％削減された。この結果、36年には84・9億ドルだった財政支出は、翌年に77・6億ドル、38年には67・9億ドルにまで削減されていった。

その一方で、増税も断行された。社会保障税を新設したことで、新たに20億ドルが国民から吸い上げられてしまった。

「ニューディールの転換と1937年恐慌」
河内信幸（「アメリカ経済史研究」第1号＝2002年5月）

ルーズベルトはもともと、均衡予算主義者だった。それでも大統領に就任したときには、あまりの不況の深刻さに自説を曲げ、財政赤字を容認してまで大規模な財政支出を敢行したのだった。

しかし、景気はすでに立ち直った。ルーズベルトはそう判断した。そして、これ以上借金を重ねることは許されないと考えたのだ。

問題は、財政赤字だけではない。アメリカはそもそも、「小さな政府」を建国の理念としていた。それに対してニューディール政策は「大きな政府」を志向するものであり、緊急措置としては認められても、長期にわたっては容認しにくい素地があった。こうしたことからルーズベルトも、景気回復を確認できた時点で、「大きな政府」と決別し、「小さな政府」に戻そうとしたのである。

これと並行して、金融政策を決定する連邦準備制度理事会も、有事対応を平時対応に戻していった。景気回復によってインフレが起こると考え、１９３６年から段階的に預金準備率を引き上げて、金融引き締めに舵を切ったのだ。

緊急避難的なニューディール政策を終わらせるための「出口戦略」に移行したルーズベルトと、これに呼応した連邦準備制度理事会。しかし、この決断は早すぎた。アメリカ経済は大恐慌からの回復途上にあり、ルーズベルトの政策転換によって、景気

『現代アメリカ経済』
河村哲二著
（有斐閣／2003年刊）

は再び急激に落ち込んでしまったのだ。

　１９３７年４月に１２５ポイントだった工業生産指数は、12月に75ポイントと短期間に急落、８月には１９０ドルだったダウ平均株価も2カ月後には１１５ドルへと暴落した。この年に14・３％にまで改善していた失業率も、翌年には19％へと悪化し、失業者数も７７０万人から１０３９万人に急増してしまった。

　人々はこの事態を「ルーズベルト不況」と呼んだ。大恐慌という病が完治しないままに退院させられたことで、再び寝込んでしまったアメリカ経済。ルーズベルトは判断ミスを認め、ニューディール政策によるケインズ型治療を再開することとなる。

ルーズベルトは粘り勝ち

「スペンディング教書」と呼ばれた１９３８年の予算教書で、ルーズベルトは、景気悪化の原因が、国民の購買力が生産力に追いつけなかったためだと分析した。その上で、救済事業の拡充やＰＷＡなどを通じた公共事業の拡大によって、購買力を高めようとした。これによって財政赤字が膨らんでも、景気が回復すれば回収できるとしたルーズベルト。まずはケインズ型治療を再開して大恐慌を完治させ、膨らんだ治

『大不況下の世界―1929-1939 改訂増補版』
チャールズ・P・キンドルバーガー著／石崎 昭彦、木村一朗訳
（岩波書店／2009年刊）

療費は、体調が回復した後に払ってもらえばいいというわけだ。

ルーズベルトの再度の方針転換で、1938年に67・9億ドルまで減少していた財政支出は、翌年に88・6億ドル、40年には90・6億ドルに増加していった。

とはいえ、一度、水を差されたことで、景気回復の力は大きく損なわれていた。暗黒の木曜日から10年が経過しようとしていたが、アメリカ経済は低迷を続けていた。1939年の失業率は17・2%、948万人が職を失ったままであったことが、それを如実に物語っている。

それでも、再開されたケインズ型治療によって、景気は徐々に回復軌道に戻る。GNPは1940年に1066億ドルと、大恐慌前の水準を取り戻す。失業率も1941年に9・9%、翌年には4・7%となり、失業者数も556万人、266万人と大きく減少していった。日本やドイツからは大きく遅れたものの、ルーズベルトの粘り強い治療によって、アメリカ経済は大恐慌を脱していくのである。

勝利の本質

優しい語り口で大胆に改革

ルーズベルトも、高橋是清やヒトラーと同じく、ケインズ型治療を先取りした政治家であった。

しかし、その道のりは平坦ではなかった。日本やドイツとは異なり、アメリカにはケインズ型治療に対する強い抵抗感があった。政府が経済活動に深く関与するケインズ型治療は、自由で公正な競争を重視するアメリカ建国の理念に反するものであり、これを貫徹するのは至難の業だったのである。

強い信念で粘り強く調整

ニューディール政策は、アメリカの歴史の中で、異例中の異例の政策だった。権力者の支配から逃れた者たちが、自らの手で建国したのがアメリカだ。その根本には、自由で公正な競争を重視し、政府の介入を必要最小限にとどめるという「小さな政府」の思想があった。連邦政府の権限は相対的に小さく、前任者のフーヴァーが自由放任主義型の治療を基本としていたのも、こうしたアメリカ建国の理念に基づいていたからだった。

これに対して、政府が経済活動に深く介入し、「大きな政府」を目指すのがケインズ型治療。それを具体化させたニューディール政策は、アメリカ建国の理念とは相反するものであったのだ。

ニューディール政策を概観すれば、ヒトラーの大恐慌対策（Case 11）に酷似していることが分かる。「アウトバーン建設」と「テネシー川流域開発公社」は共に大規模な公共事業。農家救済を目指した「穀物価格安定法」と「農業調整法（AAA）」のほか、広範に及ぶ失業者対策にも多くの共通点が見られる。高橋是清（Case 10）の「時局匡救事業」も、公共事業による需要喚起と農村救済を目指すもので、本質的には同じだ。

民間の手に委ねる「小さな政府」では、景気回復はできない。政府が強権を発動する「大きな政府」によって景気回復を図るのがケインズ型治療であり、ヒトラーや是清と同じく、ルーズベルトもこれを実行しようとしたのだ。

しかし、政府の介入はしばしば大きな反発も生む。独裁政権を握っていたヒトラーは、有無を言わさず断行することができた。高橋是清がスムーズにケインズ型治療を施すことができたのも、日本が中央集権国家だったからだ。

これに対して、民主主義が徹底され、地方分権を基本としていたアメリカでは、大統領であっても、その権限は限定的だった。こうした状況の中で、建国の理念に反するニューディール政策を展開しようとしたルーズベルト。当然のことながら反発も強く、とりわけ全国産業復興法（NIRA）審議は難航を極めた。政府が企業活動に深く関与し、「不況カルテル」の性格を持つことから、独占禁止法に触れる可能性も高かった。アメリカの人々にとって、NIRAはソ連の計画経済のように見えていたのである。

それでもルーズベルトは、信念を曲げることはなかった。その必要性を強く訴え、粘り強く議会を説得し、利害関係者の調整に奔走した。法案が成立したのは、「100日議会」の最終日、わずか7票という僅差だった。「わが国の歴史のどの1日よりも、今日の方が多くの歴史が作られた」と胸を張ったルーズベルト。

ルーズベルトの葛藤

しかし、ニューディール政策に対する反発はその後も続き、憲法違反だとして裁判も起こされた。一連の裁判において1935年にNIRAが、36年にはAAAが、公正な競争を阻害するものとして、連邦最高裁で憲法違反の判決を受けた。

こうしたことが、ルーズベルトの判断の誤りを生む一因となった。1937年、景気は回復したと判断して、ニューディール政策を縮小させる決断をする。

そもそもルーズベルトは、アメリカ建国の理念を否定していたわけではなかった。大統領に就任したとき、あまりの病状の深さからケインズ型治療を行ったが、これはあくまでも緊急避難的な措置。健康になっても手厚い治療を続けることは、アメリカ経済を甘やかすことになり、財政支出という治療費も膨れ上がるという弊害も生むと考えていた。

そこに、ニューディール政策の一部に憲法違反の判断が下され、政策見直しを迫られた。こうした状況を受けてルーズベルトは、ケインズ型治療を縮小させたわけだ。健康を取り戻したアメリカ経済を以前のように働かせ、稼いだお金を税金で吸収して、治療費を回収しようとしたのである。

しかし、タイミングが早すぎた。建国の理念と大恐慌治療の狭間で葛藤し、揺れ動いたルーズベルトは、肝心なところで判断ミスを犯し、大恐慌を再び悪化させてしまったのだ。

前出のアレンは、「ルーズベルト政権は6年半のあいだ、実験によって苦痛をやわらげようと試みて、どうやら災害を食い止めはしたが、アメリカの国家負債は200億ドルに増加した」と、厳しい見方を示している。

景気の再悪化を受け、ルーズベルトはニューディール政策を元に戻した。しかし、政策が一時的にぶれたことで、日本やドイツに比べて、アメリカの大恐慌の克服は遅れてしまう。こうしたことから、ニューディール政策は失敗だったとの評価が一般的となっている。

しかし、フーヴァーが大統領を続け、「小さな政府」の思想に基づいた自由放任主義型の治療に固執していたらどうなっていたのか。大恐慌はさらに悪化し、克服までにさらに多くの時間を要したであろう。

建国の理念に反する政策でも、必要という結論を出したら、強い信念でやり切る。ルーズベルトの強い指導力なしに、アメリカの大恐慌克服はなかっただろう。

「１００日議会」で見せた行動力

アメリカ建国の理念に反するニューディール政策を、民主主義の枠組みの中で推進していったルーズベルト。これを実現したのが傑出した行動力と人心掌握術だった。

大統領に就任したルーズベルトは、電光石火の早業で政策を打ち出していった。大統領に就任したのが１９３３年３月４日。その日の夜、財務長官に金融危機に対応するための「緊急銀行法」の起草を命じた。翌日は日曜日であるにもかかわらず、最初の大統領令として３月９日からの特別議会の招集と銀行の一斉休業を決定した。

こうして開かれた特別議会（いわゆる「１００日議会」）の初日、ルーズベルトは緊急銀行法案を提出した。下院での審議開始は午後2時55分、午後4時5分には下院を通過し、その後に上院に回されて午後7時52分に成立、45分後にルーズベルトが法案に署名して発効となった。議場では新人議員たちが自分の議席を探してウロウロしていたが、ルーズベルトはお構いなしに議事を進行させていったという。

緊急銀行法に続いて、3月20日に緊縮財政法、3月31日に市民資源保全団（ＣＣＣ）創設法、5月12日に農業調整法（ＡＡＡ）と次々に法案が成立し、最終日の6月16日には全国産業復興法をはじめとした3本が成立。「１００日議会」で成立した法案は、主なものだけでも15本に上った。

圧倒的な行動力を見せつけたルーズベルトだったが、決して猪突猛進型ではなかった。「ルーズベルト不況」を生んでしまった時、ルーズベルトは立ち止まり、事態の分析を始め、政権のスタッフの意見にも耳を傾けた。財務長官は財政支出削減の継続を進言したが、内務長官や連邦準備制度理事会の議長らは、財政支出の再拡大を求めた。それらを慎重に検討した上で、ルーズベルトが出した結論が、後者の財政支出の再拡大だった。

政治家にとって、政策判断の間違いを認めるのは容易ではない。しかしルーズベルトは、一度下した判断に固執することなく、柔軟に政策変更に踏み切る度量の持ち主だった。

苦境を優しく肯定する

強固でありながらも柔軟な政治姿勢の持ち主だったルーズベルトは、人心掌握術にも長けていた。日曜日の夜、国民に静かに語りかける「炉辺談話」を始めたのは、「１００日議会」が始まってから間もない3月12日のこと。炉端で静かな気持ちで聞いてほしいというルーズベルト。その声は張りがあり、言葉は分かりやすく、時にはユーモアを交えた話しぶりが、不安に駆られる人々を安心させた。

歴史家のジョン・Ａ・ギャラティは、ルーズベルトが人々の恐怖心理を巧みに利用したという点において、ヒトラーと同じだと指摘している。「時代の苦痛を隠蔽したり、最小化しようとするのではなく、それをむしろ強調した」というギャラティ。そのやり方は、「好景気はすぐそこにきている」と言い続けた前任者のフーヴァーとは対照的であり、「我々が解決しなければならない問題は、ドイツの有史以来最も困難なものだ」と、就任演説で訴えたヒトラーと相通じるものであった。

しかし、金切り声を上げて大演説をぶったヒトラーとは対照的に、ルーズベルトは国民を優しく包み込むように導いた。国民は安堵し、共に戦おうという気持ちを強める。ルーズベルトの巧みな人心掌握術が困難な大恐慌治療を進めることを可能にしたのであった。

ルーズベルト不況からの回復を国民がまだ実感できずにいた1940年の大統領選挙でも、ルーズベルトは大勝して史上初の3選を果たした。国民の絶大な支持はその後も続き、第二次世界大戦の最中に行われた44年の大統領選挙でも、余人をもって代えがたいとして、異例中の異例である4選を果たした。国民はルーズベルトに絶大な信頼を寄せ続け、ルーズベルトもこれに懸命に応え続けたのだった。

ルーズベルトの類い希な行動力と柔軟な判断、そして人心掌握術が、アメリカ建国の理念に反するニューディール政策を可能にした。これこそが、大恐慌のみならず、その後の第二次世界大戦をも戦い抜いた「勝利の本質」だったのである。

ルーズベルトがケインズ型治療を再開したことで、アメリカ経済は回復軌道に戻った。しかし、中断を挟んだこともあり、ニューディール政策は、かつてのような効果を発揮できずにいた。

そこに、治療効果を一気に高める「特効薬」が現れた。軍需である。

ヒトラーの台頭に伴って、国際情勢が緊迫を深める中、アメリカも軍事費の増大に動き出す。ルーズベルトは1938年に海軍拡張計画に着手、この年の国防費は34

年に比べて倍増の68億ドルとなった。国防費はその後も増加を続け、翌年は89億ドル、翌々年の40年には91億ドルとなる。軍事産業にとっては特需である。

孤立主義を取っていたルーズベルトは、「中立法」によって、戦闘状態にある国に対しての武器輸出を禁じていた。しかし、１９３９年9月、ヒトラーがポーランドに侵攻して第二次世界大戦が始まると、11月には中立法を改正して武器輸出を解禁する。これによってアメリカは、海外の軍需も取り込んでゆくことになった。

急激に増えた軍需によって回復のペースを速めたアメリカ経済は、１９４０年に大恐慌前の経済水準を取り戻した。

しかし、ルーズベルトは休むことなく、第二次世界大戦というさらに困難な戦いに挑むことになる。相手は一足先に大恐慌を克服していた日本とドイツ。経済力を回復していたアメリカは圧倒的な強さを発揮したが、ルーズベルト自身の体力が持たなかった。大恐慌の治療を成し遂げた「名医」は、戦後復興の処方箋も準備していたが、それを実施することはできなかった。

１９４５年4月12日、ルーズベルトは第二次世界大戦の終結を見届けることなく、63年の生涯を閉じたのである。

＊　＊　＊

『世界恐慌 ― 前兆から結末まで』
ジョン・A.・ギャラティ著／安部悦生訳
（TBSブリタニカ／1988年刊）

ヒトラーと高橋是清、そしてルーズベルト。3人の政治家たちは、ケインズ型治療を先取りすることによって、大恐慌の治癒に成功した。

しかし、その治療は深刻な「副作用」を引き起こした。巨額の財政赤字と、それを解消するために引き起こされた戦争である。

日本を昭和恐慌から救った高橋是清だが、財政支出の大きな部分を軍需が占めていた。ヒトラーのドイツも、当初はアウトバーン建設などの公共事業を展開していたが、1935年の再軍備宣言以降は、軍需が財政支出の中核を占めることになる。ルーズベルトが大恐慌を克服できた背景にも軍需の急拡大があった。

軍需を大恐慌の治療薬として捉えれば、その効果は抜群だ。

一般的な公共事業の場合、建設する道路や施設などの必要性を検証することなく、財政資金を投入するのは難しい。そのために十分な財政支出が確保できず、景気回復の治療効果が発揮されないことも少なくない。

ところが、軍需の場合には勝利への渇望がすべてに優先され、採算や費用対効果が度外視されやすい。本来は抑制されるべき国債発行などによる財源調達も、戦費調達が目的となれば、むしろ奨励された。戦時中はどの国でも「戦時国債」が大量に発行され、国民に直接購入してもらうための販売促進キャンペーンが展開されている。

軍需は失業問題の解消にも極めて有効だ。軍隊という就職先が増えることで、かなりの数の失業者を吸収することができる。

ケインズ型治療に不可欠な需要喚起と雇用創出の選択肢の中で、軍需という特攻薬の効果は、他とは比較できないほど強力なのだ。

軍需という麻薬

しかし、軍需には強い副作用がある。最終的には破壊行為をもたらす暴力性があり、一度打ち始めると止められなくなる禁断症状もある。おまけに薬代は極めて高価。まるで麻薬のようなのだ。

軍需とは本質的に、マイナスの経済価値しか生み出さない存在だ。公共事業で道路やダムなどを建設することは、経済基盤の拡充を通じて生産性の向上をもたらし、経済価値を生み出す。公共事業は経済の骨となり肉となるのだが、軍需の使途は「破壊行為」に限定されてしまう。

そのような軍需がもたらす好景気は一時的なものであり、持続性が極めて弱い。その典型が、第一次世界大戦後の日本を襲った戦後恐慌である。第一次世界大戦に伴う軍需で好景気を謳歌した日本は、軍需がなくなった途端に恐慌に陥った。短期的な効果は絶大だが、持続性がないという特徴ゆえに、軍需は禁断症状を生んでしまう。軍拡を一度始めてしまうと、なかなか止められないのだ。

軍需による経済の治療は、とても高くつく。軍需産業においては、どこまでも高い性能が求められやすく、価格競争は起こりにくい。その結果、治療費が高騰し、財政赤字が膨張することになりがちだ。

それでも、借金はいつか返済しなければならない。軍需以外の公共事業を用いる通常のケインズ型治療でも治療費は必要であり、財政赤字は発生する。しかし、その借金の返済は理論上、不可能ではない。治療によって経済基盤が拡充され、新たな需要が生まれれば、税収を増加させ、それによって財政赤字を埋めることが可能になる。

しかし、軍需は本質的に経済価値を生み出さない。軍需への投資からリターンを得るには、戦争を起こすしかない。そこで他国を侵略して権益を奪い取ったり、戦後に賠償金を求めたりすることで、高額の治療費回収を狙うことになる。軍需に頼った景気回復のツケを、暴力を用いることなく支払うことは難しいのだ。

高橋是清は、軍需の副作用を認識し、軍事費の削減を試みた。しかし、強大化していた軍部の反発を招き、その道を断たれてしまう。一方、早くから対外進出を目論んでいたヒトラーは、迷うことなく侵略戦争を開始し、治療費の回収を図った。日本やドイツの暴挙を無視できなくなったルーズベルトは、これに対抗するために、自らも戦争に乗り出し、皮肉にもそれが、米国経済を長い停滞から救い出す。

軍需という麻薬を使わなければ、ケインズ型治療は完結しなかったのかもしれない。とすれば、大恐慌と戦った３人の政治家を「勝者」と呼ぶことができるのか。国家レベルでの大恐慌治療が、必然的に戦争をもたらすのであれば、それを容認することはできないだろう。

そもそも、病と戦うのはあくまで患者自身であり、医者はそれをサポートするに過ぎない。大恐慌の勝者は、病に苦しむ国民の中からしか生まれない。政治家という医者に頼るだけでは、大恐慌という病の治療は進まないし、誤った方向に進んでしまう恐れすらあるのだ。

厳密に判定すれば、大恐慌に勝利した政治家はいなかったし、政治に頼ろうとした者の中に勝利者はいなかった。本当の勝者は、自らの意思と力で戦い抜いた者にしかいなかったのである。

EPILOGUE
［終章］

謎を残す歴史に、何を学ぶか

なぜ、大恐慌は起こったのか……。経済学はこの疑問に、未だ明確な答えを見いだせずにいる。

一般的には「バブル崩壊説」によって説明される。株式を中心とした資産価格が暴騰して実体経済から乖離し、その反動で暴落したことによると説明される。これによって需要が激減したことで、物価の下落と景気の悪化という負のスパイラルに陥ったというのだ。

この立場を取ったのがケインズであり、需要喚起を主軸とするケインズ型治療につながる。

これに真っ向から反論したのがミルトン・フリードマン。アダム・スミスの流れを引き継いだ自由放任主義に軸足を置き、ケインズ理論と並ぶ「マネタリズム」という新たな経済思想を打ち出し、ノーベル経済学賞も受賞した大経済学者だ。

フリードマンは、中央銀行に相当するＦＲＢ（連邦準備制度理事会）の政策ミスが、大恐慌の主な原因だとしている。１９２０年代の好況期からの転換点を迎えていた時に、ＦＲＢが極端な金融引き締めを行ったことで、通常の景気循環を超えた大恐慌に発展してしまったというのである。

原因が異なれば処方箋も異なる。バブル崩壊説を採用すれば、ケインズ型治療が有効と考えられるが、フリードマンは、経済の自然治癒力を重視し、政府も中央銀行も余計な介入をするべきではないとしている。成功したように見えるケインズ型治療だが、結局のところ軍需という麻薬に頼っていたではないか……というわけだ。

このようなケインズ派とマネタリズム派の議論は、21世紀になった今も続いている。「ケインズは死んだ」「いや、今こそ見直すべきだ」と、両者の対立は果てることなく、大恐慌の予防や治療にも定説がないのが現状なのだ。

恐慌とは、原因も治療法も分からない経済の難病である。

そのような難病に自分自身が冒されたとき、人はどうなるものか。「なぜ自分が……」と動揺し、思考が後ろ向きになったり、冷静さを失ったりする。あるいは、藁をもつかむ思いから、得体の知れない民間療法にすがり、大金を失った末に、病状をさらに悪化させることもあるかもしれない。

大恐慌の時期には、こうした事態がアメリカ、そして世界全体に起こった。「もうダメです」「生きていけません」「誰か助けてください」という悲鳴が溢れた。多くの人々が何をしていいのか分からず、立ち止まり、後ずさりし、やがて倒れていった。

彼らに対し、「思考停止」と批判することできなくもないが、あまりに酷だろう。不摂生な生活を重ねた末に病気になったのならともかく、そうでなくとも難病に襲われる人はいる。大恐慌で困窮した人のすべてが、経済的に「不摂生」な生活をしていたわけではない。真面目に働いてきた人々にも、無差別に襲いかかってくるのが大恐慌であり、致命的な落ち度はなかったはずだ。

そんな大衆の前に登場したのが、ポピュリズムを前面に打ち出した政治家たちであり、その筆頭がヒトラーだった。「労働者ファースト」を旗印に、「私が皆さんをお助けします」と差し伸べられた手に人々はすがった。しかし、その実態は軍国主義者であり、反ユダヤ主義の虐殺者であった。

ヒトラーは極端であったかもしれないが、ポピュリストによる「民間療法」にのめり込む国はほかにもあった。その結果、治療費である財政支出は膨れ上がり、それを回収するために侵略戦争が正当化されていく。大恐慌という病は、第二次世界大戦というさらに深刻な病に「変異」してしまったのである。

こうした中にあって、見事な勝利を収めた者たちもいた。誰に責任転嫁するわけでなく、誰にも救いを求めず、たった一人で大恐慌という病と闘い続けた者たちだ。彼らは大恐慌という災難を、克服しただけではなかった。逆境をバネに、以前にも増して屈強な体を手に入れたのだ。

「中国語で書くと、危機という言葉は二つの漢字でできている。ひとつは危険、もうひとつは好機である」

When written in Chinese, the word 'crisis' is composed of two characters. One represents danger and the other represents opportunity.

こう語ったのは第35代アメリカ大統領のジョン・F・ケネディだ。ケネディの人生は逆境の連続であると同時に、数々のピンチをチャンスに変えていく逆転劇の連続でもあった。

大恐慌の真の勝者たちも、同じ思いを共有するに違いない。経済危機をあらかじめ察知し、回避できるならば理想的ではある。しかし、十分に準備もできないままに巻き込まれても、絶望する必要はない。一度ならず失敗をしても、必ず再起のチャンスはある。国家や世界というマクロレベルにおいて「危険」であっても、個人や企業としてのミクロレベルには「好機」が存在する。より多くの人々がこれに気づき、逆境の中で挑戦を始めていれば、大恐慌は深刻化することもなく、短期間で終わりを迎えていたかもしれない。

現状を嘆いていても始まらない。危機を「危険」ではなく「好機」として捉えれば、必ず道は開ける。これまでたどってきた「大恐慌の勝利者」たちの戦いの歴史は、それを雄弁に物語っているのである。

おわりに

K字型回復——。本稿を執筆する2021年5月現在、こんな言葉が広がりつつある。

新型コロナウイルスの感染拡大が始まって1年あまり。日本でもようやくワクチン接種が始まり、欧米では行動規制の緩和が進む中、経済回復への期待が高まっている。

しかし、どうやら一筋縄ではいかないようだ。追い風を受ける業界と、そうでない業界の格差は広がるばかりで、アルファベットのKの字のように上向きと下向きにきっぱり分かれている。日本と欧米の「格の差」も広がっているように感じられる。個別の企業や個人、そして国家においても2極化は進み、景気回復はまだら模様だ。

一方で、株式市場は好調だ。それは将来の景気回復を見込んでいるからで、やはり先行きは明るいと見る向きも強い。

しかし、本当にそうなのだろうか。

現在、株式市場が好調であるのは、景気回復の期待に加えて、2つの理由があるだろう。

ひとつは、大型の財政支出。新型コロナウイルスの感染拡大以降、各国の政府は、現金給付といった大胆なばらまきで、企業や個人を支援してきた。

もうひとつは、各国の中央銀行による大量のマネー供給。すなわち金融緩和だ。

これらは大恐慌対策として採用された、ケインズ型治療を踏襲したものと捉えられる。第3章で詳述した通り、弱った病人に点滴で栄養を注入するような方法である。

このような治療は効果的ではあるが、2つの問題を後に残す。

第1に、治療には終わりがあるということ。大型財政支出による支援も、金融緩和もなくなったときに、患者であるところの実体経済は、自律的に健康体を維持できるのか。日本はバブル崩壊後かれこれ30年以上も退院できず、点滴を打つのが常態化しているようなものだが、いつまでもそれでいいはずはない。

第2に、膨れ上がった治療費を、どうやって返済するのか。大型財政支出によって膨張した政府負債の問題だ。湯水のように使われてきた景気対策という治療費の大半は、国債発行などによる借金で調達されている。借金はいつか何らかの形で返済しなければならないのだ。

どこかで治療に終止符を打ち、借金を返す。経済対策の「出口問題」だが、これがなかなかの難題で、処理を誤れば大恐慌の再来を招くことになる。

大恐慌の時代と今を比較してみると、国際情勢にも共通点が見いだせる。大恐慌研究の第一人者チャールズ・キンドルバーガーは、大恐慌の傷跡が深く、広範なものとなった理由として、世界経済における「リーダー不在」を挙げている。

1920～30年代は、イギリス経済が第一次世界大戦で弱体化し、世界経済の覇権がアメリカに移ろうとしていた時期であった。歴史の転換点であり、ある種の空白期間であったともいえる。大恐慌の発端は、通常の景気後退でしかなかったかもしれない。しかし「イギリスは国際経済を安定させるための責任を負う能力を持たず、アメリカはその責任を負う意思を持たず、そのため国際経済システムが不安定になった」と、キンドルバーガーは指摘する。その結果として通常の景気後退が悪化の一途をたどり、大恐慌に至ったというわけである。

現代の世界経済も同じような「歴史の転換点」にある。急激な経済発展を続ける中国と、弱体化が目立つアメリカ。大恐慌の時と同じく、世界経済の「リーダー不在」によって、コロナ禍でダメージを受けた世界経済が通常の景気後退の領域にとどまることができず、未曾有の不況になだれ込む可能性は否定できない。

本書ではたびたび、弱った経済を病人にたとえてきた。病に苦しむ同胞がいるなら、救いたいと願うのは人として当然であり、その思いは尊い。しかし、そんな尊い思いが周囲にもたらす影響は、ときとして大きなものとなる。

筆者にはそれを痛感させられる「思い出」がある。小学校に入学しようとしていたとき、3歳下の弟が難病を患った。なんとしても弟の命を救いたい両親は、貯金を使い果たし、大きな借金をして、治療費を捻出しようとした。

親としては当然のことだが、家計は逼迫した。筆者は勉強机を買ってもらえず、ミカン箱に新聞紙を貼って代用した。新入生のウキウキした気分などなく、「弟が元気になるまでの我慢だ……」と、自分に言い聞かせた。

懸命の治療もむなしく、弟はこの世を去った。深い悲しみの中、家計の立て直しを始めた両親だったが、優先されたのは借金の返済であり、弟の仏壇購入であった。筆者が勉強机を買ってもらえたのは、小学校3年生の終わりのことだったのである。

これと同様のことが、日本、そして世界経済にこれから起きるのかもしれない。ケインズ型治療によって、経済危機を克服できたとしても、その後には巨額の債務返済問題が待ち構えているのだ。大恐慌が再来するかどうかはさておいても、これからの経済情勢が楽観できるものであるとは、到底考えられないのである。

だからといって、悲観することはない。本書で何度も強調したように、経済危機には、大きく稼ぐチャンスが隠されている。困難に果敢に挑戦することで、とびきり豪華な勉強机を手に入れることも可能なのだから。

本書は『あの天才がなぜ転落 ―― 伝説の12人に学ぶ失敗の本質』(日経BP/2019年刊)の続編として構想した。前作は、大儲けした後に大失敗して転落した「敗者」を描いたが、今回は「勝者」を描いた。勝者の物語は、どこか自慢話のようで退屈だったり、学べるものが少ないと思われたりしがちだが、大恐慌という逆境が背景にあることで、読んで飽きることなく、役立つものにできるのではないかと考えた。その執筆がコロナ禍に重なるタイミングとなったのは、偶然ではあるが、必然であったのかもしれない。前作と併せて読んでいただければ、危機対応力を高めることができると考えている。

前作と同じく、本作でも日経ＢＰの小野田鶴さんにお世話になった。方向感が定まらず、右往左往する筆者をゴールまで導いていただいた。改めて深く感謝申し上げる。

新型コロナウイルスの１日も早い克服を願って……。

２０２１年５月　玉手義朗

玉手義朗（たまて・よしろう）

1958年生まれ。筑波大学社会工学類卒業後、東京銀行（現三菱UFJ銀行）、マニュファクチュラース・ハノーバー銀行（現JPモルガン・チェース銀行）などで、外国為替ディーラーの経験を積む。1992年、TBS（東京放送）入社。経済部デスクや経済キャスターなどを務める傍ら、経済関連の書籍や記事を執筆。TBSを定年退職した後、現在はフリーランスのエコノミスト、メディア評論家として活動。日本の近代西洋建築に造詣が深く、各地に残る名建築を200以上訪問。著書に『円相場の内幕』（集英社）、『経済入門』（共著、ダイヤモンド社）、『見に行ける 西洋建築歴史さんぽ』（世界文化社）、『あの天才がなぜ転落』（日経BP）。

大恐慌の勝者たち

2021年 6月28日　初版第1刷発行

著者	玉手義朗
発行者	伊藤暢人
発行	日経BP
発売	日経BPマーケティング 〒105-8308 東京都港区虎ノ門4-3-12
装丁・レイアウト	小口翔平＋畑中茜＋須貝美咲（tobufune）
DTP	クニメディア
校閲	円水社
編集	小野田鶴
編集協力	隅田 一
印刷・製本	図書印刷

本書籍に関するお問い合わせ、ご連絡は下記にて承ります。
https://nkbp.jp/booksQA

Printed in Japan
ISBN978-4-296-10791-9